VEGAN
FÜR GÄSTE

Unser besonderer Dank geht an Basia Braun, die nicht nur manche Rezeptideen geliefert, sondern auch für das Cover Modell gestanden hat. Großer Dank gebührt ferner Tina Kraus, die außer ihren tollen Illustrationen auch das ein oder andere köstliche Rezept zu diesem Buch beigesteuert hat. GG

Tina Kraus • Gila Grün

VEGAN
FÜR GÄSTE

Verlagshaus Jacoby Stuart

Inhalt

Liebe Leserin und lieber Leser,

dieses Buch richtet sich vor allem an Köchinnen und Köche, die vegan lebende Menschen in der Familie oder im Freundeskreis haben, aber selbst nicht gewohnt sind, vegan zu kochen. Für manche Menschen scheint es ja fast ein Schreckensruf zu sein: Vegane Gäste kommen! Um Ihnen nun aber den Schreck zu nehmen, haben wir in diesem Buch Rezepte versammelt, die sich besonders gut für Gastgeber eignen: schnelle leckere Vorspeisen, gute gehaltvolle Salate, köstliche Gerichte der mediterranen und asiatischen Küche, raffinierte Fondues. Dazu gibt es auch noch zehn Menüvorschläge.

Es ist ja tatsächlich gar nicht mal so selten, dass auch Nichtveganer vegan essen, ohne dass es ihnen auffällt, zum Beispiel Spaghetti aglio e olio, schwäbischen Kartoffelsalat oder Nachos mit Guacamole. Und man braucht auch keine Fleischersatzprodukte, um gut vegan zu kochen, deshalb wird ganz bewusst auf vegane Ersatzprodukte wie etwa veganen Käse etc. verzichtet. Das heißt: Fast alle Produkte, die in diesem Buch verwendet werden, finden sich in so gut wie jedem Kühlschrank oder jeder Speisekammer wieder. Doch wer vegane Gäste erwartet, ist oft ratlos, was die Rezepte angeht. Dieses Buch schafft da Abhilfe – mit seinen veganen Gerichten aus aller Welt, die garantiert jedem schmecken, Veganern wie Nichtveganern.
Gerade wenn es etwas zu feiern gibt wie Weihnachten oder Geburtstage und wirklich festliche Gerichte aufgetischt werden sollen, fehlen häufig die Ideen. Damit macht dieses Buch nun Schluss, denn es gibt herrlich festliche vegane Gerichte und Menüs aus aller Welt.

Und nun wünschen wir Guten Appetit!

PS: Es versteht sich von selbst, dass alle Zutaten für die Rezepte immer in Bioqualität sein sollten.

Die Menüvorschläge

Wir haben einmal ein paar Menüvorschläge für Sie versammelt, denn es ist natürlich schon die höhere Kunst, ein veganes Mehrgang-Menü zusammenzustellen, und nicht jeder hat auf Anhieb Ideen dazu. Mit diesen zehn Menüvorschlägen, die natürlich alle auch problemlos variiert werden können, sind Sie auf der sicheren Seite.

Frühlingsmenü

Glasierte Karotten
S. 48

Olivenbrot
S. 28

Petersilien-Veganaise
S. 37

Sehr würziges Gemüsefondue
S. 90

Zitronentarte
S. 130

Gerade im Frühjahr, wenn das erste Gemüse wieder geerntet werden kann, freut sich jeder über frische junge Karotten, frischen grünen Spargel, junge grüne und gelbe Zucchini oder kleine feste Romanasalatköpfe. All dies vereint das unglaublich schmackhafte Frühlingsfondue. Das ganze Menü ist übrigens sehr einfach zuzubereiten.

Sommermenü

Grüne Gläschen
S. 49

Lauwarmes Gemüse mit Baguette
S. 51

Pissaladière – Provenzalische Pizza
S. 82

Erdbeer-Joghurt-Traum
S. 128

Der Sommer mit seinen heißen Tagen braucht Gerichte, die erfrischen und kühlen. Und da kommt dieses sommerliche Menü gerade recht. Es macht wenig Arbeit und ist nicht nur ein farblicher Augenschmaus, sondern auch eine echte Gaumenfreude.

Herbstmenü

Tomatensuppe mit Avocados
S. 54

Fenchelsalat mit Walnüssen, Äpfeln & Minze
S. 63

Polenta mit Steinpilzen
S. 83

Apple Crumble oder Orangenkuchen mit Haselnüssen
S. 122 oder 126

Die Blätter verändern ihre Farbe, die Tage werden kürzer, die Temperaturen gehen zurück. Ein Grund mehr, sich in die Küche zurückzuziehen, Freunde einzuladen und ein leckeres herbstliches Menü zuzubereiten. Es ist die Zeit der Äpfel und der Pilze, und das schlägt sich selbstverständlich in unserem Menüvorschlag nieder.

Wintermenü

Im Winter wird es früh dunkel, das Wetter ist kalt und nass; da brauchen wir Rezepte, die Leib und Seele gleichermaßen wärmen. Würzige Aromen und Deftiges zum Sattessen, und natürlich herzhafte Suppen nicht zu vergessen. Aber gleichzeitig sollten die Gerichte nicht zu schwer sein. Das alles spiegelt sich in unserem wärmenden winterlichen Menü.

Schnelles 3-Gang-Menü

Bunter Tomatensalat mit Minze
S. 60

Couscous mit Korinthen, Pinienkernen und Frühlingszwiebeln
S. 86

Blutorangensalat mit Datteln
S. 124

Ein orientalisch angehauchtes 3-Gang-Menü, das gut vorzubereiten ist und sehr lecker schmeckt. Die Orangen für das Dessert lassen sich gut am Vortag zubereiten und in einem luftdichten Behälter über Nacht im Kühlschrank lagern. Der Couscous ist nach maximal 20 Minuten (inklusive Quellzeit) angerichtet; paralell dazu kann der Tomatensalat zubereitet werden. Alles in allem ist das Menü nach spätestens 40 Minuten servierfertig. Guten Appetit!

Italienisches 6-Gang-Menü

Frittierte Zucchiniblüten S. 46
dazu Olivenbrot S. 28

Artischockenherzen in Weißwein
S. 42

Hausgemachte Pasta mit Tomatensauce
S. 78

Gebackene Blumenkohlröschen mit roten Zwiebeln und Knoblauch
S. 77

Torta di cioccolata mit Salzkaramel
S. 142

Die italienische Küche ist gerade für Gemüseliebhaber ein wahres Schlaraffenland. Im sonnenverwöhnten Italien gedeihen rund ums Jahr zahllose Gemüsesorten. Und das spiegelt dieses Menü auch wider: Zucchini, Oliven, Artischocken, Trauben, Tomaten, Blumenkohl, rote Zwiebeln, Knoblauch. Was will man mehr? Ach ja: eine Schokoladentorte natürlich.

Elegantes 6-Gang-Menü

Frittierte Salbeiblätter S. 46,
Gewürzmandeln S. 48 **und marinierte Oliven** S. 55
zum Cremant

Getrüffeltes Weiße-Bohnen-Süppchen
S. 47

Fondue chinoise mit Steinpilz-Wantan S. 98
und Kräutermaisbrot S. 27
dazu geschmorter Romanasalat S. 61

Birnen mit Zitrusfrüchten
S. 124

Eiskalte Schoko-Pralinen S. 137 **zum Espresso**

Ja, dieses elegante Menü ist in der Tat nicht ganz unaufwändig, aber es lässt sich gut vorbereiten. Die Gewürzmandeln, marinierten Oliven sowie die Schoko-Pralinen und die Birnen mit Zitrusfrüchten lassen sich problemlos am Vortag zubereiten. Ebenso das Bohnensüppchen – nur das Trüffelöl wird erst kurz vor dem Servieren in das heiße Süppchen gerührt. Ihre Gäste werden Ihren Aufwand zu schätzen wissen!

Veganes Gartenbuffet für 15 Personen

3 Portionen **Marinierte Oliven** S. 55
3 Portionen **Gurken-Raita** S. 103
3 Portionen **Avocadosalat mit weißen Bohnen und Sellerie** S. 42
3 Portionen **Naan-Brot für den Grill** S. 32
2 Maisbrote S. 30
1 Feigenbrot S. 27
Nachos
3 Portionen **Guacamole** S. 34
3 Portionen **Zitronensauce** S. 39
12 Maiskolben für den Grill
3 Portionen **Gemüse für den Grill** S. 47
3 Portionen **klassische Veganaise** S. 37
2 Portionen **Feigen-Trauben-Chutney** S. 34
2 Portionen **Taboulé** S. 50
2 Portionen **Lauwarmes Gemüse nach griechischer Art** S. 51
4 Portionen **Melonensalat** S. 139

Wer lädt nicht gern zur Grillparty im Garten ein? Und wer sagt, dass es keine veganen Grillgerichte gibt? Tatsächlich schmeckt das Naan-Brot vom Holzkohlengrill noch besser als ohnehin schon, besonders zu Chutney und Raita. Die frischen Maiskolben schmecken super mit Veganaise, und das gegrillte Gemüse mit der Zitronensauce ist sowieso ein Genuss. Die zwei Maisbrote kommen gemeinsam in den Backofen. Anschließend dann das Feigenbrot. Und der Melonensalat ist sowieso schnell gemacht.

Thailändisches Menü

Grüner Papayasalat mit geröstetem Tofu
S. 108

Gurkensalat
S. 108

Tom Kha – Kokossuppe
S. 110

Pad Thai – Reisnudeln mit Tofu und Gemüse
S. 112

Klebreisbällchen in Kokosmilch mit Mango
S. 138

Die thailändische Küche ist berühmt für ihre ausgewogenen Aromen aus süßen, scharfen, sauren und salzigen Komponenten. Der Papayasalat ist ein absolutes Muss der thailändischen Küche, ebenso der Gurkensalat. Thailänder lieben Suppen, und Tom Kha gehört zu den beliebtesten. Das Bratnudelgericht Pad Thai ist ein von Thailands Nationalgerichten, es kann aber auch gut durch das milde Massaman-Curry ersetzt werden. Die Nachspeise macht zugegebenermaßen richtig Arbeit – aber es lohnt sich.

Indisches Menü

Naan – Fladenbrot
S. 32

Feigen-Trauben-Chutney
S. 34

Gurken-Raita – Gurkenjoghurt
S. 103

Masoor-Dal – Rote-Linsen
S. 102

Ananas in Safransirup
S. 122

Die indische Küche ist bei vegan lebenden Menschen besonders beliebt, denn kein anderes Land bietet eine so große Auswahl an pflanzlichen Gerichten. Die raffiniert eingesetzten Gewürze machen die indische Küche zu einem echten Geschmackserlebenis. Naan-Brot ist ein Klassiker und wird sowohl zu Chutneys als auch zu Raita und zu Currys serviert. Dal kann als Beilage und als Vor- oder Hauptspeise gereicht werden. Dum Aloo ist ein ganz klassisches nordindisches Curry, und das Dessert ist schlicht köstlich.

Die Rezepte

Die Grundrezepte

In diesem Kapitel sind hauptsächlich Brote, die einfach herzustellen und besonders lecker, ja sogar elegant sind sowie Saucen- bzw. Diprezepte versammelt. Die Brote, Saucen und Dips lassen sich mit sehr vielen der anderen Rezepte dieses Buches kombinieren. Vorschläge zum Kombinieren finden sich jeweils bei den Tipps zu den einzelnen Gerichten.

Und wer schnelle unaufwändige Appetithäppchen für Gäste sucht, kann die hier aufgeführten Brote einfach mit den Saucen und Dips kombinieren und hat schon mit sehr geringem Aufwand köstliche Gaumenfreuden zum Wein oder zu Drinks kreiert!

Feigenbrot

Ergibt 1 Brot für 1 Kastenform (26–30 cm)

- **2 TL** Trockenhefe oder 12 g frische Hefe
- **230 ml** Wasser
- **1 EL** natives Olivenöl
- **350 g** feines Mehl (Type 550)
- **1 TL** Salz
- **2 TL** Zucker
- **60–100 g** getrocknete Feigen
- Öl für die Form

Die Hefe in etwas lauwarmem Wasser auflösen.
Das Mehl in der Küchenmaschine mit der angerührten Hefe, dem Olivenöl, dem Zucker und dem Salz verrühren. Den Teig zunächst 8 Min. auf kleinster und anschließend 3 Min. auf mittlerer Stufe kneten. Oder aber von Hand kneten, dann aber etwa 15 Min. Zuletzt die gehackten Feigen hinzufügen und auf kleinster Stufe unterkneten.
Den Teig anschließend locker in Frischhaltefolie einschlagen und 15 Min. gehen lassen. Erneut mit bemehlten Händen durchkneten und – wiederum locker in Frischhaltefolie verpackt – weitere 20 Min. ruhen lassen. Anschließend den Teig in die Form drücken, mit Frischhaltefolie abdecken und je nach Zimmertemperatur nochmals 45–60 Min. gehen lassen.
Den Backofen auf 220 °C vorheizen.
Eine kleine wasserfeste Schüssel mit Wasser in den Backofen stellen (damit das Brot eine knusprige Kruste bekommt), und das Brot etwa 20 Min. backen. Nach dieser Zeit mittels Stäbchenprobe kontrollieren, ob das Brot gar ist. Wenn das Stäbchen sauber bleibt, also kein Teig daran kleben bleibt, die Form aus dem Ofen nehmen.
Das Brot vor dem Lösen aus der Form auskühlen lassen.

Kräutermaisbrot

Ergibt 1 Brot für 1 Kastenform (26–30 cm)

- **200 g** Maismehl
- **200 g** Weizen- oder Vollkornmehl
- **400 ml** Soja- oder Hafermilch
- **1 TL** Salz
- **10 EL** Sonnenblumenöl, plus mehr für die Form
- **1 EL** Weinsteinbackpulver
- **1** Chili, entkernt, feingehackt
- **1** Bund frische Kräuter nach Geschmack (s. Tipp), sehr feingehackt

Den Backofen auf 200 °C vorheizen.
Das Mehl, Salz, Backpulver, Chili und Kräuter in eine große Schüssel geben und gründlich vermengen. Dann Milch und Öl hineinrühren, bis ein glatter Teig entsteht.
Die Kastenform mit etwas Öl auspinseln, den Teig hineingeben und glattstreichen.
Das Brot mind. 30 Min. backen. Nach dieser Zeit mittels Stäbchenprobe kontrollieren, ob das Brot gar ist. Wenn das Stäbchen sauber bleibt, also kein Teig daran kleben bleibt, die Form aus dem Ofen nehmen.
Das Brot vor dem Lösen aus der Form auskühlen lassen.

Tipp: Eine wirklich elegante Kräutermischung ist 1/2 Bund Kerbel mit einem 1/2 Bund Estragon plus einigen Stängeln glatte Petersilie. Oder die klassisch mediterrane Variante mit einem 1/2 Bund frischem Thymian und einem 1/2 Bund frischem Oregano. Oder einfach Ihre Lieblingskräutermischung.

Olivenbrot

Ergibt 1 Brot

600 g	Dinkelmehl
1	Würfel Frischhefe oder 2 Päckchen Trockenhefe
2 TL	Salz
350 ml	Wasser
150 g	grüne und schwarze Oliven, entsteint
100 g	getrocknete Tomaten, in feinen Streifen
1	Zwiebel, feingehackt
2 EL	natives Olivenöl
je 1 1/2 TL	getrockneten Rosmarin und Thymian

Die frische Hefe in das lauwarme Wasser krümeln und etwa 10 Min. abgedeckt stehen lassen, bis sie sich aufgelöst hat.
Das Mehl mit dem Salz (und, falls genutzt, der Trockenhefe) in einer großen Schüssel gründlich vermengen. In die Mitte eine Mulde drücken und das Wasser oder Hefewasser hineingießen. Die Zutaten gründlich, erst mit einem Holzlöffel und dann mit den Händen, zu einem glatten Teig verarbeiten.
Zwiebeln, Oliven, getrocknete Tomaten, Olivenöl und die getrockneten Kräuter hinzufügen und einarbeiten.

Den Teig gut 5 Min. auf der Arbeitsfläche mit bemehlten Händen durchkneten, anschließend in eine Schüssel geben, mit einem Geschirrtuch abdecken und etwa 1 Std. bei Zimmertemperatur gehen lassen.
Den Backofen auf 180 °C vorheizen.
Den Teig nach Belieben zu einem länglichen Laib formen oder zum Zopf flechten. Auf ein mit Öl ausgepinseltes Backblech geben und weitere 15 Min. gehen lassen.
Eine kleine wasserfeste Schüssel mit Wasser in den Backofen stellen (damit das Brot eine knusprige Kruste bekommt), und das Brot etwa 50 Min. backen. Nach dieser Zeit mittels Stäbchenprobe kontrollieren, ob das Brot gar ist. Wenn das Stäbchen sauber bleibt, also kein Teig daran kleben bleibt, die Form aus dem Ofen nehmen.
Das Brot vor dem Lösen aus der Form auskühlen lassen.

Klassische Foccacia

Ergibt 1 Foccacia

1/2	Würfel frische Hefe
160 ml	warmes Wasser
250 g	feines Weizenmehl (Type 550)
1/2 TL	Salz
1 Prise	Zucker
3 EL	natives Olivenöl
	grobes Meersalz zum Bestreuen
1 EL	Rosmarinnadeln (optional)

Die Hefe im lauwarmem Wasser auflösen. Mehl, Salz und Zucker hinzufügen und mit dem Knethaken eines Handrührgeräts zu einem glatten Teig verkneten. Mit einem Geschirrtuch abdecken und bei Zimmertemperatur 1 Std. gehen lassen, bis sich das Volumen verdoppelt hat.
Den Backofen mit Backblech auf unterster Schiene auf 240 °C vorheizen.

Danach den aufgegangenen Teig abklopfen, damit die Luft entweicht, und auf einer leicht bemehlten Arbeitsfläche kurz durchkneten. Dann auf Backpapier legen, zum 1,5 cm dicken Fladen formen und mit einem Geschirrtuch bedeckt weitere 20 Min. gehen lassen.

Den Teigfladen mit den Fingern locker eindrücken. Mit Öl beträufeln und mit Meersalz und Rosmarin bestreuen.
Fladen mit Backpapier auf das heiße Backblech ziehen und 15–18 Min. backen, bis er gerade anfängt Farbe zu nehmen.
Herausnehmen, auf einem Gitter abkühlen lassen.

Tipp: Die Foccacia passt hervorragend zu Dips und Gemüse.

Einfaches Maisbrot

Ergibt 1 Brot für 1 Kastenform (26–30 cm)

200 g	Maismehl
1/2 Würfel	frische Hefe
300 g	Weizenmehl
300 ml	lauwarmes Wasser
2 TL	Salz
1 Prise	Zucker
	Öl für die Form

Die Hefe in das lauwarme Wasser krümeln und etwa 10 Min. abgedeckt stehen lassen, bis sie sich aufgelöst hat.
Währenddessen Weizenmehl, Maismehl, Salz und Zucker in einer Rührschüssel gründlich vermengen, dann das Hefewasser einarbeiten. Den Teig zu einer Kugel formen, die Schüssel mit einem Geschirrtuch abdecken und etwa 1 Std. lang an einem warmen Ort gehen lassen.
Danach den aufgegangenen Teig abklopfen, damit die Luft entweicht, und nochmals mit bemehlten Händen durchkneten.
Die Kastenform mit Öl auspinseln und den Teig hineingeben. Wieder mit einem Geschirrtuch abdecken und weitere 30 Min. gehen lassen.

Den Backofen auf 220 °C vorheizen.
Den Brotteig mit ein wenig Wasser bepinseln und mit etwas Maismehl bestreuen. Anschließend etwa 30 Min. auf mittlerer Schiene backen. Nach dieser Zeit mittels Stäbchenprobe kontrollieren, ob das Brot gar ist. Wenn das Stäbchen sauber bleibt, also kein Teig daran kleben bleibt, die Form aus dem Ofen nehmen.
Das Brot vor dem Lösen aus der Form gründlich auskühlen lassen.

Tipp: Dieses Brot passt besonders gut zu würzigen Eintöpfen, wie etwa zum Tunesischen Süßkartoffeltopf von S. 86. Und wer es etwas herzhafter mag, kann auch noch eine sehr feingeschnittene Schalotte in den Brotteig geben oder 3 kleingeschnittene getrocknete Tomaten.

Safranbrot mit Mandeln

Ergibt 1 Brot für 1 Kastenform (26–30 cm)

1/2 Würfel	frische Hefe
1–2 g	gemahlener Safran oder Safranfäden
100 g	vegane Margarine
1/2 TL	Zucker
300 ml	Soja- oder Hafermilch
1 kg	feines Mehl (Type 550)
1/2 TL	Salz
2 EL	Leinsamenmehl vermischt mit 2 EL Wasser
50 g	Mandeln
	Öl für die Form

Die Hefe in 50 ml lauwarmem Wasser, den Safran in 2 EL kochendem Wasser auflösen. Die Margarine und den Zucker in 200 ml heißer, aber nicht kochender Pflanzenmilch zerlassen und etwas abkühlen lassen.
Das Mehl mit dem Salz in eine große Schüssel sieben. In die Mitte eine Mulde drücken und die Hefe, den Safran und die Milchmischung hineingießen. Das Leinsamenmehlgemisch hinzufügen, und die Zutaten gründlich, erst mit einem Holzlöffel und dann mit den Händen, zu einem glatten Teig verarbeiten.
Den Teig gut 5 Min. auf der Arbeitsfläche mit bemehlten Händen durchkneten, anschließend in eine Schüssel geben, mit einem Geschirrtuch abdecken und etwa 1 Std. bei Zimmertemperatur gehen lassen.
Die Mandeln grob hacken.
Die Kastenform mit Öl auspinseln.
Danach den aufgegangenen Teig abklopfen, damit die Luft entweicht, und die Mandeln mit bemehlten Händen gleichmäßig einkneten.
Den Teig in die Form geben, mit einem Geschirrtuch abdecken und nochmals 40 Min. bei Zimmertemperatur gehen lassen.
Den Backofen auf 180 °C vorheizen.
Den Teig glattstreichen und mit der restlichen Milch bepinseln. Eine kleine wasserfeste Schüssel mit Wasser in den Backofen stellen (damit das Brot eine knusprige Kruste bekommt), und das Brot etwa 35 Min. backen. Nach dieser Zeit mittels Stäbchenprobe kontrollieren, ob das Brot gar ist. Wenn das Stäbchen sauber bleibt, also kein Teig daran kleben bleibt, die Form aus dem Ofen nehmen.
Das Brot vor dem Lösen aus der Form auskühlen lassen.

Naan – Indisches Fladenbrot

Ergibt 6 Fladenbrote

- **250 g** Mehl (Type 550)
- **1 TL** Trockenhefe mit Backpulver
- **1 TL** Salz
- **1 TL** Zucker
- **75 g** cremiger pflanzlicher Joghurt (Hafer oder Soja)
- **2 EL** Öl
- **2 EL** vegane Margarine
- **1 EL** gehackte glatte Petersilie

Mehl, Trockenhefe mit Backpulver, 1 TL Salz und Zucker in einer Schüssel mischen. Joghurt und Öl verrühren, mit der Mehlmischung verrühren. 100 ml handwarmes Wasser zugeben. Mit dem Knethaken des Handrührgerätes zu einem glatten Teig verkneten und zur Kugel formen.

Mit einem Geschirrtuch abdecken und bei Zimmertemperatur 3 Std. gehen lassen, bis sich das Teigvolumen verdoppelt hat.

Den Backofen inkl. Backblech auf 250 °C vorheizen. Teig auf einer leicht bemehlten Arbeitsfläche noch einmal kräftig durchkneten und in 6 Portionen teilen. Zu ovalen Fladen von etwa 20 cm Länge ausrollen. 3 Fladen auf einen Bogen Backpapier legen. Fladen auf dem Backpapier auf das heiße Blech ziehen und in der Mitte des Ofens in 6–8 Min. goldbraun backen. Die heißen Naan-Brote auf ein Gitter legen und sofort mit ein wenig Margarine bepinseln. Mit den restlichen 3 Broten ebenso verfahren.

Oder Sie braten die Naan-Brote in der Pfanne, dazu eine gusseiserne Pfanne ohne Fett erhitzen. Die Brotfladen darin bei starker Hitze nacheinander von jeder Seite 1–2 Min. goldbraun braten. Wenn das Brot Blasen wirft, wenden und von der anderen Seite braten. Die heißen Naan-Brote auf ein Gitter legen und sofort mit ein wenig Margarine bepinseln und mit Petersilie bestreuen.

Tipp: Naan-Brote sind dünne Teigfladen aus mit Joghurt gesäuertem Hefeteig. Sie werden traditionell über offenem Feuer gebacken, eignen sich also auch gut zum Grillen im Sommer. Sie passen eigentlich zu fast allen indischen Gerichten.

Chinesische Knoblauchsauce

Für 4 Portionen

10–12 EL	chinesische helle Sojasauce
6 EL	Erdnussöl
2 EL	Reisessig
4	Knoblauchzehen, mit Salz zerdrückt
	etwas Chilipulver
	ein wenig feingeschnittener Schnittlauch

Alle Zutaten sorgfältig miteinander verrühren.

Currysauce

Für 4–6 Portionen

2 TL	rote thailändische Currypaste
200 ml	cremige Kokosmilch
	einige Spritzer helle Sojasauce
	einige Spritzer Orangen- oder Ananassaft

Die Currypaste in einer Schüssel mit einem Schneebesen kräftig mit der Kokosmilch verrühren.
Mit Sojasauce und Obstsäften nach Belieben abschmecken.

Einfache Erdnusssauce

Für 4–6 Portionen

100 g	crunchy Erdnussbutter
mind. 5 EL	Wasser
mind. 3 EL	helle Sojasauce
1 TL	gemahlener Koriander
	etwas Chilipulver
1 EL	Rohrzucker

Erst die Erdnussbutter mit den flüssigen Zutaten sehr kräftig verrühren, bis eine cremige Konsistenz erreicht ist. Dann die restlichen Zutaten unterrühren und abschmecken.

Feigen-Trauben-Chutney

Für 4–6 Portionen

- 1 rote Zwiebel, sehr feingehackt
- 1 TL gemahlener Ingwer
- 1 TL französisches Vier-Gewürze-Pulver (Quatre épices)
- 1 EL natives Olivenöl
- 500 ml Weißweinessig
- 1 EL Salz
- 400 g Rohrzucker
- 1 TL Chilipaste
- 500 g schöne reife Feigen
- 500 g frische süße Weintrauben
- 1 säuerlicher Apfel
- 100 g Korinthen

Die Zwiebel mit dem Ingwer und dem Vier-Gewürze-Pulver in einem Topf in etwas Olivenöl anbraten. Essig, Salz, Zucker und die Chilipaste hinzufügen und 5 Min. einkochen lassen.
Die Korinthen in einer Tasse mit heißem Wasser einweichen.
Inzwischen die ungeschälten Feigen vierteln, die Weintrauben halbieren und den Apfel in etwa 2x2cm große Stücke schneiden.
Das Obst in den Topf geben und 20 Min. bei geringer Hitze köcheln lassen, dabei gelegentlich umrühren.
Zum Schluss die Korinthen dazugeben, und das Chutney weitere 5 Min. köcheln lassen, dabei gelegentlich umrühren.
Das Chutney in ein großes Schraubglas füllen, abkühlen lassen und im Kühlschrank aufbewahren. Es ist mind. zwei Wochen haltbar.

Tipp: Dieses Chutney passt sehr gut zum Naan-Brot von S. 32 und natürlich zu knusprigem Baguette, entweder einfach als Snack zwischendurch oder als kleine schnelle Vorspeise.

Klassische Guacamole

Für 4 Portionen

- 1 Schalotte, sehr feingehackt
- 1 sehr kleine Knoblauchzehe, sehr feingehackt
- 1/2 grüne Serrano Chilischote, entkernt und feingehackt
- 1/2 Bund Koriandergrün, mittelfein gehackt
- 1 schöne reife Avocado
- Saft von 1 Limette
- Salz

Die Avocado schälen und das Fruchtfleisch mit einer Gabel grob zerkleinern, sofort mit dem Limettensaft und den übrigen Zutaten vermengen. Zum Schluss mit Salz abschmecken.

Tipp: Die Guacamole schmeckt am besten, wenn sie nicht länger als 30 Min. vor dem Servieren zubereitet wird.

Gute Gemüsebrühe

Ergibt etwa 2,5 l Brühe

1	Zwiebel
1	Stange Lauch
2	Stangen Staudensellerie
einige	Blätter vom jungen Wirsing
2	Karotten
2 EL	natives Olivenöl
3 l	Wasser
1–2 EL	Salz
1 EL	Pfefferkörner
2	Lorbeerblätter

Die ungeschälte Zwiebel halbieren, das restliche Gemüse waschen, putzen und in grobe Stücke schneiden.
In einem sehr großen Topf das Olivenöl erhitzen, und die Zwiebelhälften auf der Schnittfläche für 1 Min. darin anrösten, dann das restliche Gemüse hinzugeben und weitere 2 Min. rösten. Mit dem Wasser aufgießen und einmal aufkochen lassen.
Salz, Pfefferkörner und Lorbeerblätter dazugeben und 1 Std. bei niedriger Temperatur köcheln lassen.
Die Brühe durch ein Sieb gießen, und das im Sieb verbliebene Gemüse mit einem Holzlöffel leicht andrücken, damit der darin enthaltene Saft in die Brühe tropfen kann.
Im Kühlschrank hält sich die Brühe im geschlossenen Behälter gut 3 Tage.

Tipp: Eine selbstgekochte Brühe ist der gekauften stets vorzuziehen und viel Arbeit macht sie auch nicht. Es lohnt sich, gleich eine größere Menge zuzubereiten, denn sie lässt sich wunderbar in Portionen à 500 ml einfrieren. Oder als Zugabe zu Saucen einfach in einem Eiswürfelbehälter einfrieren, und dann jeweils 1 oder 2 Würfel in die jeweilige Sauce zum Würzen geben.

Einfache Ingwersauce

Für 4–6 Portionen

etwa 10 cm	Ingwer
150 ml	Reis- oder milder Weißweinessig

Ingwer schälen, feinreiben und mit dem Essig gründlich verrühren.

Pistou

Für 4–6 Portionen

- 1 Bund Basilikum
- 3 Knoblauchzehen
- 50 g Pinienkerne
- 50 ml natives Olivenöl
- Salz und schwarzer Pfeffer

Basilikumblätter waschen und abzupfen, den Knoblauch schälen. Pinienkerne in einer Pfanne bei mittlerer Hitze ohne Fett rösten, bis sie duften und leicht Farbe nehmen.
Sämtliche Zutaten, bis auf das Olivenöl, in einen Standmixer geben. Nun bei unterster Stufe langsam das Öl einlaufen lassen, bis eine dicke Creme entstanden ist.

Tipp: Dies ist die französische Variante des italienischen Pesto.

Süßsaure Sauce

Für 4–6 Portionen

- 200 g süße Chilisauce (gute gekaufte)
- 50 g Tomatenketchup
- 2 Stücke getrocknete Mandarinenschale
- 100 ml Wasser
- Zucker nach Geschmack
- weißer Pfeffer

Geben Sie die süße Chilisauce, Tomatenketchup, getrocknete Mandarinenschale und das Wasser in einen Topf, lassen alles einmal aufkochen und dann 10 Min. sanft köcheln.
Mit Zucker und Pfeffer abschmecken und abkühlen lassen.
In einem luftdichten Behälter lässt sich die Sauce im Kühlschrank etwa einen Monat aufbewahren.

Tipp: Diese Sauce hört sich im ersten Moment ziemlich unspektakulär an, aber sie schmeckt hervorragend.

Klassische Veganaise

Für 4 Portionen

- **200 ml** Soja- o. Hafermilch (mit einem hohen Fettgehalt)
- **1 TL** gute Gemüsebrühe
- **1** gestrichener TL Salz
- **3 TL** Senf
- **4 TL** Zitrone
- **1 EL** Apfelessig
- **250 ml** Sonnenblumen- oder Rapsöl
- Pfeffer
- **1 Prise** Kurkuma (optional)

Alle Zutaten, bis auf den Pfeffer, in einen hohen Mixbecher geben und mit dem Zauberstab zu einer dickflüssigen Veganaise verarbeiten. Das geht ziemlich schnell.
Erst jetzt frisch gemahlenen Pfeffer unterrühren und noch einmal abschmecken. Wer möchte, rührt noch eine Prise Kurkuma unter, das gibt eine schöne gelbe Farbe.

Tipp: Eine Veganaise ist nichts anderes als eine vegane Mayonnaise.

Leichte Petersilien-Veganaise

Für 4 Portionen

- **150 g** Seidentofu
- **1** halbe kleine rote Zwiebel
- **1 EL** scharfer Senf
- **2 EL** frischer Zitronensaft
- **2 EL** Steinpilzfond
- **2 EL** natives Olivenöl
- **etwa 1 TL** Salz
- **5** Zweige glatte Petersilie, grobgehackt

Alle Zutaten bis auf die Petersilie in einen Standmixer geben und zu einer sämigen Masse verarbeiten. Abschmecken, in eine kleine Schüssel füllen, gehackte Petersilie unterrühren und mind. 15 Min. im Kühlschrank ruhen lassen. Etwa 20 Min. vor dem Servieren aus dem Kühlschrank nehmen und ganz kurz vor dem Servieren noch einmal abschmecken.

Klassische Vinaigrette

Für 4 Salatportionen

1 TL Salz
1 EL milder Weißweinessig
1 EL Dijonsenf
4 EL natives Olivenöl
Kräuter, gehackt (z. B. Petersilie, Schnittlauch, Basilikum, Estragon)
Pfeffer

Für jede Vinaigrette gilt: Essig und Öl im Verhältnis 1:4, und immer erst das Salz im Essig auflösen, bevor Sie nach Belieben mit Pfeffer und Kräutern würzen. Am Schluss das Öl kräftig unterschlagen.

Elegante Vinaigrette

Für 4 Salatportionen

1/2–1 TL Salz
2 EL Rotweinessig
1 1/2 EL Dijonsenf
8 EL Nussöl
4 EL Schnittlauchröllchen
Pfeffer

Für die Vinaigrette Salz in Essig auflösen, und die restlichen Zutaten unterrühren, zum Schluss das Nussöl sehr kräftig unterschlagen.

Einfache Zitronensauce

Für 4 Portionen

Saft	von 1 Zitrone
1	ordentliche Prise Salz
1 EL	gehackte glatte Petersilie
50 ml	natives Olivenöl

Für die Zitronensauce Olivenöl mit Zitronensaft und Salz mit dem Stabmixer zu einer homogenen dicklichen Sauce pürieren und abschmecken. Die Petersilie erst kurz vor dem Gebrauch untermengen und noch einmal kurz aufschlagen.

Zitronensauce mit Kapern

Für 4 Portionen

2	kleine Zitronen
2	kleine Schalotten
60 g	Kapern
50 ml	natives Olivenöl
	Salz und schwarzer Pfeffer

Die Zitronen schälen und in Spalten zerteilen. Die Spalten klein schneiden und den Saft dabei auffangen.
Die Schalotten schälen und fein schneiden. In einer Schüssel Schalotten, Kapern, Zitronenstückchen, Olivenöl und Zitronensaft sehr kräftig miteinander verrühren. Mit Salz und Pfeffer abschmecken. Die Sauce vor dem Servieren 2 Std. durchziehen lassen.

Die Vorspeisen

Avocadosalat mit weißen Bohnen & Sellerie

Für 4–6 Portionen

- 1 Knoblauchzehe, mit Salz zerdrückt
- 4 EL Zitronensaft oder mehr
- 2 EL sehr feingehackte Schalotte
- 4 EL natives Olivenöl
- 2 reife Avocados, geschält, halbiert und kleingewürfelt
- 1 Dose weiße Bohnen (Canellini) à 400 g, abgegossen
- 1 kleine Selleriestange, feingehackt
- Salz und schwarzer Pfeffer
- 1 Frühlingszwiebel, in dünnen Scheiben

Knoblauch, Zitronensaft, Schalotte und Olivenöl in einer kleinen Schüssel kräftig verrühren und mit Salz und Pfeffer abschmecken.
Die restlichen Zutaten in eine mittelgroße Schüssel geben, das Dressing gründlich mit den Zutaten vermengen. Den Salat mind. 30 Min. ruhen lassen. Vor dem Servieren noch einmal abschmecken.

Tipp: Als kleine Vorspeise dazu das einfache Maisbrot von S. 30 oder die klassische Foccacia von S. 29 servieren.

Artischockenherzen in Weißwein dazu Foccacia

Für 6 Portionen

- 3 Schalotten, feingehackt
- 1 EL natives Olivenöl
- 6 frische große Artischockenherzen, geviertelt
- 300 ml gute Gemüsebrühe (S. 35)
- 300 ml Weißwein, z. B. Muscadet
- 2 EL gehackte glatte Petersilie
- 1 Lorbeerblatt
- 1 Zitrone, geviertelt und mit 2 Nelken gespickt
- Salz und schwarzer Pfeffer

Die Schalotten in einem großen Topf bei mittlerer Hitze etwa 4 Min. in Öl anbraten. Artischockenherzen hinzufügen, Brühe und Weißwein angießen. Petersilie, Lorbeerblatt und die gespickte Zitrone hinzufügen, mit Salz und Pfeffer würzen. Topf bedecken und bei mittlerer Hitze etwa 30 Min. sanft köcheln lassen.
Die Artischockenherzen mit einer Schaumkelle aus dem Topf heben, in einer hübschen Schale anrichten, evtl. 1–2 EL der Kochflüssigkeit daraufgeben und lauwarm oder kalt servieren.

Tipp: Zu dieser sommerlichen Vorspeise servieren Sie die Foccacia von S. 29 oder ein frisches knuspriges Baguette. Dazu passen ein leichter spritziger Muscadet oder auch ein Vinho Verde sehr gut. Dieser frische junge spritzige portugiesische Wein hat nur einen geringen Alkoholgehalt und eignet sich auch deshalb besonders für Vorspeisen.

Carpaccio von frischen Champignons

Für 8 Portionen

150 g	Semmelbrösel
1/2 TL	Fleur de sel
300 g	braune Champignons
Saft	von 1/2 Zitrone
3 EL	feingehackte glatte Petersilie
3 EL	natives Olivenöl
	Salz und weißer Pfeffer

Die Semmelbrösel in einer Pfanne ohne Fett rösten, bis sie goldbraun sind. Auf einen Teller kippen und mit Fleur de sel vermengen.

Pilze putzen, Stiele abschneiden, und die Pilze fächerförmig in sehr feine Scheiben schneiden. Auf einer großen Servierplatte anrichten und mit den gerösteten Semmelbröseln bestreuen.

In einer kleinen Schüssel Zitronensaft und Petersilie, Salz und Pfeffer miteinander verrühren, zum Schluss das Olivenöl kräftig unterrühren (oder in einem Schüttelbecher kräftig vermengen) und noch einmal abschmecken.

Das Dressing über das Pilz-Carpaccio träufeln und sofort servieren.

Tipp: Braune Champignons wachsen langsamer, und die Ausbeute ist geringer als bei der weißen Variante. Die dunkle Sorte enthält weniger Feuchtigkeit, daher ist sie fester und intensiver im Geschmack – je brauner der Champignon desto nussiger der Geschmack.

Cashewkern-Pesto mit geröstetem Landbrot

Für 4 Portionen

120 g	Cashewkerne
1	gute Handvoll frisches Koriandergrün
1	Knoblauchzehe
120 ml	Pflanzenöl
1 EL	geräuchertes Sesamöl
Saft	von 1 Limette
	Salz und schwarzer Pfeffer
4	dicke Scheiben Landbrot

Alle Zutaten für das Pesto in einen Standmixer geben und glattpürieren. Und zum Schluss noch einmal abschmecken.

Die Brotscheiben rösten (im Toaster, in der Pfanne oder im Backofen) und – wenn gewünscht – mit einer frischen Knoblauchzehe abreiben. Die gerösteten abgekühlten Brotscheiben mit Peso bestreichen und sofort servieren.

Tipp: Wer kein Koriandergrün mag, kann es durch glatte Petersilie ersetzen.

Spinatsalat mit gerösteten Brotwürfeln

Für 4 Portionen

400 g frischer Babyspinat
100 g altbackenes Weißbrot
4 EL natives Olivenöl
2 EL Pinienkerne
2 EL Aceto Balsamico di Modena
Salz und schwarzer Pfeffer

Spinat gründlich waschen und trockenschleudern.
Das Brot in 1cm große Würfel schneiden.
In einer Pfanne das Olivenöl erhitzen, und das Brot bei geringer Hitze etwa 10 Min. rösten, bis es knusprig ist, dabei gelegentlich wenden. Kurz vor Ende der Bratzeit die Pinienkerne hineingeben und mitrösten, bis es duftet und sie ein wenig Farbe genommen haben. Mit grobem Meersalz würzen und beiseitestellen.
Spinat auf einer großen Servierplatte anrichten, Pinienkerne und Brotwürfel darüber verteilen, mit Olivenöl und Aceto Balsamico beträufeln, mit Salz und Pfeffer abschmecken und sofort servieren.

Tipp: Dieser Salat eignet sich besonders als elegante Vorspeise, passt aber auch gut zu den Hausgemachten Pasta von S. 78.

Fatoush

Für 6 Portionen

2 Dürüm-Fladen (es geht auch 1 Fladenbrot)
80 ml natives Olivenöl
3–4 TL Sumach oder Za'atar, plus mehr zum Bestreuen
2 EL Zitronensaft
1 große Knoblauchzehe, mit Salz zerdrückt
gut 1/2 TL Salz
frisch gemahlener Pfeffer
2 sonnengereifte mittelgroße Tomaten, geputzt, entkernt, grobgehackt
1 Salatgurke, geschält, der Länge nach halbiert, entkernt, in Scheiben
1 mittelgroßer Romanasalat, geputzt
6 Datteln, in kleinen Stückchen
1 kleine rote Zwiebel, sehr feingehackt
4 Frühlingszwiebeln, in dünnen Röllchen
1 Handvoll glatte Petersilie, grobgehackt
1 kleine Handvoll frische Minze, grobgehackt

Das Brot in mundgerechte Stücke reißen.
In einer großen Pfanne 6 EL Olivenöl bei mittlerer Hitze heiß werden lassen, und die Brotstückchen in etwa 15 Min. knusprig braten, dabei immer wieder wenden. Sie müssen wirklich knusprig sein!
Das restliche Olivenöl, Sumach, Zitronensaft, Knoblauch, Salz und Pfeffer in einer kleinen Schüssel kräftig verrühren oder im Schüttelbecher vermengen.
Tomaten, Gurken, Datteln, rote Zwiebel, Frühlingszwiebeln, Petersilie und Minze in einer großen Schüssel vermengen, die knusprigen Brotstücke dazugeben, das Dressing angießen und sanft unterrühren, mit Sumach oder Za'atar oder beidem bestreuen und sofort servieren.

Tipp: Fatoush eignet sich hervorragend sowohl als kleine Vorspeise für 6 Personen als auch als sättigende Hauptspeise für 4 Personen an einem heißen Sommertag.

Frittierte Salbeiblätter

Für 4 Portionen

1 Bund Salbei
Salz und weißer Pfeffer
100 g Mehl
1/8 l sehr kaltes Wasser
3 EL sehr kaltes kohlensäurehaltiges Mineralwasser
Öl zum Frittieren

Salbei waschen, trockentupfen, Blätter von den groben Stielen zupfen, die dünnen Stiele lassen. Das Mehl mit dem Wasser zu einem leichten flüssigen Teig vermengen und mit etwas Salz und Pfeffer würzen.
Öl etwa 3 cm hoch in einem Topf erhitzen. Salbeiblätter im restlichen Mehl wenden, abschütteln und durch den Teig ziehen. Salbeiblätter sofort im heißen Fett ausbacken, dabei nach etwa 30 Sekunden wenden. Beginnen die Blätter gerade zartbraun zu werden, sofort aus dem Öl nehmen und auf Küchenpapier abtropfen lassen.

Tipp: Frittierte Salbeiblätter mit den marinierten Oliven von S. 55 und in Streifen oder Würfel geschnittener frischer Foccacia als kleine Vorspeise anrichten, dazu passt natürlich immer ein spritziger Prosecco.

Frittierte Zucchiniblüten dazu Safranbrot

Für 4 Portionen

8 Zucchiniblüten
80 g Mehl
200 ml sehr kaltes kohlensäurehaltiges Mineralwasser
Öl zum Frittieren
Salz und schwarzer Pfeffer
grobes Meersalz

Zucchiniblüten der Länge nach mit einer Schere vorsichtig aufschneiden und den Blütenstempel entfernen. Dann die Spitzen der Blütenblätter vorsichtig zusammendrehen.
Das Mehl mit dem Wasser zu einem leichten flüssigen Teig vermengen und mit etwas Salz und Pfeffer würzen.
Reichlich Öl, etwa 2,5 cm hoch, in einen kleinen Topf geben und bei mittlerer Hitze heiß werden lassen.
Alle 8 Blüten durch den Teig ziehen und im siedenden Öl frittieren, bis sie schön goldbraun und knusprig sind. Sofort servieren, dazu grobes Meersalz reichen.

Tipp: Zu dieser Vorspeise passt sehr gut das Safranbrot mit Mandeln von S. 31.

Gegrilltes Gemüse mit Zitronensauce

Für 4 Portionen

1	mittelgroße Aubergine
	Mehl zum Wenden
3	große feste Tomaten
1	rote und 1 gelbe Paprikaschote
1	kleine Zucchine
etwa 5 EL	natives Olivenöl
1	Portion einfache Zitronensauce (S. 39)

Auberginen waschen und der Länge nach in 1/2 cm dicke Scheiben schneiden, in Mehl wenden und in etwa 3 EL sehr heißem Olivenöl auf beiden Seiten goldbraun braten. Auf Küchenpapier abtropfen und auskühlen lassen.
Die Haut der Tomaten mit einem Tomatenschäler abschälen, entkernen und in Streifen schneiden.
Paprikaschoten und Zucchini waschen, putzen und mundgerechte Stücke schneiden.
Das Gemüse mit 2 EL Olivenöl in einer Grillpfanne sehr kräftig anbraten, bis es Farbe nimmt, dabei stetig rühren.
Das Grillgemüse mit den Auberginenstücken lauwarm oder kalt auf vier Tellern anrichten und mit der Zitronensauce beträufeln.

Tipp: Zu dieser Vorspeise passt natürlich ein knuspriges Baguette.

Getrüffeltes weiße Bohnensüppchen dazu Kräutermaisbrot

Für 4 Portionen

200 g	weiße getrocknete Bohnen (Canellini)
etwa 1,2 l	gute Gemüsebrühe (S. 35)
200 ml	Sojacreme o. Hafersahne
200 ml	Soja- o. Hafermilch
	Meersalz und schwarzer Pfeffer
	Trüffelöl nach Geschmack

Weiße Bohnen mehrmals kalt abwaschen, abtropfen lassen, in einen großen Topf geben und mit 1 l Gemüsebrühe aufgießen. Die Bohnen bei milder Hitze 1–1½ Std. köcheln lassen, bis sie wirklich weich sind.
Mit einem Stabmixer glatt pürieren, durch ein Sieb passieren, Sojacreme und -milch dazugeben, noch einmal mit dem Stabmixer kräftig aufmixen und unter Rühren einmal aufkochen lassen. Die Suppe nach Gusto mit etwas Gemüsebrühe verdünnen und kräftig mit Salz und Pfeffer abschmecken
Zum Anrichten: Die Suppe erhitzen, mit einem Stabmixer schaumig aufschlagen und in vorgewärmte Suppenteller aufteilen. Die Suppe mit Trüffelöl beträufelt und mit dem Kräutermaisbrot (mit der Kräutermischung Estragon und Kerbel) von S. 27 servieren.

Tipp: Wer es ganz dekadent mag, kann mithilfe eines Trüffelhobels hauchdünne weiße oder schwarze Trüffelscheiben über das Süppchen hobeln.

Gewürzmandeln

Für 4–6 Portionen

1 EL natives Olivenöl
200 g blanchierte Mandeln
grobes Meersalz
1/4 TL geräuchertes Paprikapulver

Das Olivenöl in einer beschichteten Pfanne bei mittlerer Hitze heiß werden lassen, die Mandeln hineingeben und 5 Min. unter Schwenken der Pfanne goldbraun rösten.
Die Nüsse mit einer Schaumkelle aus der Schüssel heben, dabei soviel Öl wie möglich in der Pfanne lassen. Die Nüsse großzügig mit grobem Meersalz und dem geräucherten Paprikapulver bestreuen, dabei durchschütteln, damit die Gewürze an alle Nüsse gelangen. Auskühlen lassen und in einer hübschen Schüssel servieren.

Tipp: Eine besonders in Italien beliebte kleine Vorspeise zum Prosecco. Diese Gewürzmandeln passen sehr gut als Vorspeise in Kombination mit den frittierten Salbeiblättern von S. 46 sowie den marinierten Oliven von S. 55.

Glasierte Karotten

Für 4–6 Portionen

1,5 kg Karotten, geputzt, in 4 cm breiten Scheiben
5 EL natives Olivenöl
3 EL Rohrzucker
2 TL Salz
2 EL glatte Petersilie, feingehackt
1 Foccacia (S. 29)

Karottenstücke in einen breiten Kochtopf geben und mit Wasser 1 cm hoch bedecken. Öl, Zucker und Salz hinzufügen und leicht köcheln lassen, bis das Wasser verdampft ist. Ab und an mit einem Kochlöffel gut durchrühren, wenn alle Karotten schön glänzen, mit Petersilie betreuen und lauwarm als Vorspeise mit frischer Foccacia servieren.

Tipp: Diese lauwarme Vorspeise hört sich vielleicht im ersten Moment etwas »basic« an – aber weit gefehlt: Sie schmeckt süß und saftig und frisch und nach mehr. Dazu passt besonders gut ein süffiger Sauvignon blanc, aber auch ein Vinho Verde, siehe Tipp auf S. 48.

Grüne Gläschen

Für 6–8 kleine Gläschen

1 kleiner Brokkoli, in kleinen Röschen
2 Avocados, geschält und in kleinen Stücken
Saft einer 1/2 Grapefruit
3 EL natives Olivenöl
1 EL Pistazienpüree
1 kleine Salatgurke, in sehr kleinen Stücken
2 Zwiebeln, in sehr dünnen Ringen
1 EL geschälte Pistazien, grobgehackt
Salz und schwarzer Pfeffer

Brokkoli etwa 10 Min. in Salzwasser blanchieren, etwas abkühlen lassen, feinhacken und salzen.

Avocados, Grapefruitsaft, 1 EL Öl, Salz und Pfeffer mit dem Zauberstab pürieren, bis eine sämige Creme entsteht und nochmals mit Salz und Pfeffer abschmecken.
Pistazienpüree mit Salz, Pfeffer und 2 EL Öl zu einer Vinaigrette schlagen.
Je eine Lage Avocadocreme, Brokkoli, Pistazienpüree, Gurkenstücke und Zwiebelringe in die Gläschen schichten und mit grobgehackten Pistazienstückchen garnieren.

Tipp: Diese ausgesprochen leckere grüne Vorspeise – *Verrines vertes* à la Murielle Rousseau – einfach in kleinen Wassergläsern servieren. Das Schichten macht zwar ein wenig Arbeit, aber es sieht besonders appetitlich aus.

Kartoffelcarpaccio mit Steinpilzen & Rucola

Für 4 Portionen

8 mittelgroße festkochende Kartoffeln
4 große Steinpilze (o. 8 große braune Champignons)

80 g Rucola
2 EL gehackte glatte Petersilie
4 1/2 EL natives Olivenöl
1 TL Aceto Balsamico di Modena
Salz und schwarzer Pfeffer

Einen schönen großen Servierteller mit einem 1/2 EL Olivenöl auspinseln.
Kartoffeln mit der Schale in sprudelndem Salzwasser gerade garkochen; abgießen, auskühlen lassen, schälen und in schöne dünne Scheiben schneiden.
Pilze putzen, in dünne Scheiben schneiden und abwechselnd mit den Kartoffelscheiben auf dem Servierteller zu einem Fächer anrichten.
Mit Rucola und Petersilie bestreuen, zuletzt Olivenöl und Aceto Balsamico darüberträufeln, mit Salz und Pfeffer würzen und sofort servieren.

Tipp: Hierzu passt natürlich auch sehr gut ein Schälchen Petersilien-Veganaise von S. 37.

Klassisches Tabouleh mit Fladenbrot

Für 6 Portionen

100 g mittelfeiner Bulgur (Grad 2)
250 ml kochendes Wasser (oder gute Gemüsebrühe (S. 35)
650 g schöne feste Flaschentomaten, halbiert, entkernt und feingehackt
1 Handvoll glatte Petersilie, feingehackt
1 kleine Handvoll frische Minze, feingehackt
2 Stängel Koriandergrün, feingehackt
2 Frühlingszwiebeln, in dünnen Scheiben
Chiliflocken nach Gusto
große Romanasalatblätter

Für das Dressing
Schale von 1 Zitrone, in feinen Zesten (optional)
60 ml Zitronensaft
60 ml natives Olivenöl
1 1/2 TL Salz
1/2 TL frischgemahlener schwarzer Pfeffer

Heißes Wasser in eine mittelgroße Schüssel geben und den Bulgur einrühren. Abdecken und ruhen lassen, bis der Bulgur zart ist, aber noch Biss hat, das dauert etwa 15–20 Min. Evtl. überschüssiges Wasser abgießen.
In einer kleinen Schüssel die Dressingzutaten kräftig verrühren.

Alle übrigen Zutaten mit dem Bulgur in einer gro-

ßen Schale sorgfältig vermengen und das Dressing unterrühren. Noch einmal abschmecken.
Eine flache Schale mit den Romanasalatblättern auslegen, Tabouleh darauf anrichten und sofort servieren.

Tipp: Zu dieser klassischen arabischen Speise reichen Sie ein Fladenbrot oder - noch besser - zwei Dürümfladen.

Lauwarmes Gemüse nach griechischer Art mit Olivenbrot

Für 4 Portionen

- **600 g** frischer junger Spinat
- **4** kleine Zucchini
- **2** Brokkoliköpfe
- Salz
- **3 EL** Pinienkerne
- natives Olivenöl
- **3** Knoblauchzehen
- **1** Zitrone
- **1** Handvoll Korinthen
- Fleur de sel und schwarzer Pfeffer
- **1** Olivenbrot (S. 28)

Das Gemüse waschen und putzen.
Spinat in Salzwasser blanchieren, bis er zusammenfällt, das dauert wenige Min. Sofort in ein Sieb abgießen, kaltes Wasser darüberlaufen lassen, um den Garvorgang zu unterbrechen und den Salat dann gut ausdrücken.
Zucchini waschen, putzen, und in Salzwasser blanchieren, durch den Piekstest prüfen, wann sie die gewünschte Konsistenz haben. Sofort in ein Sieb abgießen und kaltes Wasser darüber laufen lassen, um den Garvorgang zu unterbrechen.
Brokkoli waschen, putzen, in Röschen zerteilen und in Salzwasser blanchieren, durch den Piekstest prüfen, wann sie die gewünschte Konsistenz haben. Sofort in ein Sieb abgießen und kaltes Wasser darüber laufen lassen, um den Garvorgang zu unterbrechen.
Das Gemüse trockentupfen.
Die Korinthen in einer Tasse mit heißem Wasser einweichen.
Den Knoblauch sehr feinhacken, und ein Drittel davon auf eine mit einigen Spritzern Olivenöl und Zitronensaft beträufelten Servierplatte streuen. Dann die drei Gemüsesorten nebeneinander anrichten.
Die Pinienkerne in einer Pfanne ohne Fett bei geringer Hitze rösten, bis es duftet und die Kerne ein wenig Farbe genommen haben.
Die Korinthen ausdrücken, und das Gemüse damit gleichmäßig bestreuen. Olivenöl und Zitronensaft auf das Gemüse träufeln, ebenso die restlichen Koblauchstückchen und direkt vor dem Servieren die Pinienkerne darüberstreuen. Mit einem Schälchen Fleur de sel servieren und dazu das Olivenbrot reichen.

Tipp: Dies ist eine köstliche sommerliche Vorspeise für heiße Tage, die nicht nur sehr gut schmeckt, sondern auch besonders hübsch aussieht. Statt der Korinthen schmeckt es auch gut, wenn das Gemüse mit den Zesten einer 1/2 Zitrone bestreut wird.

Umami-Bouillon mit Mangold & Kräutersaitlingen

Für 4–6 Portion bzw. etwa 2,5 l Bouillon

Grundzutaten

- **400 g** braune Champignons
- **250 g** Shiitakepilze
- **3** Zitronengrasstängel
- **1/2** rote Chilischote
- **50 g** Ingwer
- **20 g** Knoblauch
- **50 g** getrocknete Shimejipilze
- **3 l** Wasser

Aromazutaten

- **10 g** schwarze Pfefferkörner
- **20 ml** natives Olivenöl
- **3** Sternanis
- **50 g** Kombu Algen
- **50 ml** Tosazusauce
- **50 ml** Shiro shoyu (jap. helle Sojasauce)
- **1 TL** Fenchelsamen

Zum Anrichten

- **1** großer Kräutersaitling
- **2** Stiele roter Mangold
- einige Blätter roter Sauerampfer
- **3 EL** natives Olivenöl
- Salz und schwarzer Pfeffer
- einige Zitronenzesten

Für die Grundzutaten die verschiedenen Pilze putzen und halbieren. Zitronengrasstängel waschen, trockenschütteln, die äußeren, harten grünen Blätter entfernen und der Länge nach halbieren, die Chilischote entkernen. Ingwer und Knoblauch schälen und grobhacken.

Für die Aromazutaten die Pfefferkörner andrücken.

In einem großen Topf das Öl bei schwacher Hitze heiß werden lassen, alle Grundzutaten hineingeben und 5 Min. anschwitzen.

Das Wasser angießen, Pfeffer, Sternanis, Fenchelsamen und Kombu Algen dazugeben und einmal aufkochen lassen. Die Hitze reduzieren, und die Bouillon 1 Std. ohne Deckel ganz leicht köcheln lassen.

Vom Herd nehmen und die Tosazusauce sowie die Shiro shoyu hineinrühren. Den Topf fest mit Frischhaltefolie verschließen, und die Bouillon 30 Min. ziehen lassen.

Alle festen Teile mit einem Schaumlöffel aus der Bouillon heben.

Die Bouillon ruhen lassen, bis sich evtl. Verunreinigungen am Boden abgesetzt haben. Nun klären Sie die Brühe, indem Sie sie ohne viel Bewegung mit einer Schöpfkelle aus dem Topf holen (damit die Schwebstoffe auf dem Topfboden bleiben) und durch ein Tuch oder feines Sieb passieren. Den allerletzten Rest mit den Schwebstoffen lassen Sie im Topf.

Während die Bouillon ruht den Kräutersaitling putzen, vierteln und in sehr dünne Scheiben schneiden und diese, kurz vor dem Servieren, in einer Pfanne bei starker Hitze in 1 EL Olivenöl schnell kräftig anbraten. Mangold- und Sauerampferblätter

kurz abspülen. In einem Topf bei starker Hitze 1 EL Olivenöl heiß werden lassen, die Blätter darin kurz anschwitzen und mit Salz und Pfeffer würzen.
Vier Suppenteller bereitstellen und die Pilze sowie die angeschwitzten Sauerampfer- und Mangoldblätter gleichmäßig darauf verteilen, die sehr heiße Bouillon angießen und ein paar Zitronenzesten darüber raspeln. Sofort servieren.

Tipp: Diese Umami-Bouillon geht auf den französischen Sternekoch William Ledeuil (Restaurant *Ze Kitchen*, Paris) zurück. Sie ist sicherlich anspruchsvoll, und nur für diejenigen einfach nachzukochen, die die asiatischen Gewürze bereits zuhause haben und kennen. Aber wer diese Bouillon einmal gekostet hat, wird sie für immer in ihr oder sein Standardrepertoire aufnehmen, denn sie schmeckt einfach himmlisch gut. Dazu frisches knuspriges Baguette reichen.

Tomatensuppe mit Avocados dazu Olivenbrot

Für 4 Portionen

- **1** Schalotte, feingehackt
- **1** kleine rote Chilischote, entkernt und feingehackt
- **2 EL** natives Olivenöl
- **2 EL** Tomatenmark
- **400 g** stückige Tomaten (1 Dose)
- **400 ml** gute Gemüsebrühe (S. 35)
- **1 EL** Limettensaft
- Salz und schwarzer Pfeffer
- **1** reife Avocado, geschält und feingewürfelt
- **4 EL** Sojacreme o. Hafersahne
- einige Stängel Koriandergrün oder glatte Petersilie, feingehackt
- **1** Olivenbrot (S. 28)

Die Schalotten- und die Chilischotenwürfel bei mittlerer Hitze im heißen Öl in etwa 5 Min. glasig braten.
Tomatenmark einrühren, 1 Min. mitbraten, dann mit den stückigen Tomaten inkl. der Flüssigkeit sowie der Gemüsebrühe ablöschen und bei milder Hitze etwa 15 Min. weiterkochen.
Die Suppe glatt pürieren und kräftig mit Salz und Pfeffer abschmecken. Zum Schluss den Limettensaft in die Suppe geben.
Vier Suppenteller bereitstellen, und die Avocadowürfel gleichmäßig darauf verteilen, die sehr heiße Suppe angießen, jeweils 1 EL Sojacreme darauf geben, mit Koriandergrün bestreuen und sofort servieren.

Tipp: Dazu reichen Sie das Olivenbrot oder ein frisches knuspriges Baguette.

Marinierte Oliven

Für 4 Portionen

- **300 g** grüne Oliven
- **1** rote Chilischote, entkernt, feingewürfelt
- **4 EL** natives Olivenöl
- **2** Knoblauchzehen, mit Salz zerdrückt
- **1** Bund glatte Petersilie, sehr feingehackt
- Salz und schwarzer Pfeffer

Alle Zutaten für die Marinade in eine kleine Schüssel geben, sehr gründlich vermengen, dann die Oliven hinzufügen und erneut alles gründlich vermengen. Abgedeckt mind. 2 Std., gern auch über Nacht, marinieren lassen und in einer hübschen Schüssel servieren.

Tipp: Eine besonders in Italien beliebte kleine Vorspeise zum Prosecco. Diese Oliven passen sehr gut als Vorspeise in Kombination mit den frittierten Salbeiblättern von S. 46 sowie den Gewürzmandeln von S. 48.

Ackerbohnenpüree mit Baguette

Für 4 Portionen

- **400 g** frische junge Ackerbohnen ohne Schoten
- **1/4 TL** Salz
- **1** gute Handvoll glatte Petersilie
- **Saft** von 1 Zitrone
- abgeriebene Schale von 1/2 Zitrone
- **3–4 EL** natives Olivenöl
- **1** Knoblauchzehe
- schwarzer Pfeffer
- **1** knuspriges Baguette in 1 cm dicken Scheiben
- sehr gutes natives Olivenöl zum Beträufeln
- einige Petersilienblättchen

Die Ackerbohnen (auch Saubohnen oder dicke Bohnen genannt) in Salzwasser etwa 3 Min. blanchieren, abgießen und abkühlen lassen. Die ausgekühlten Ackerbohnen, Salz, Petersilie sowie Zitronensaft und -schale, Olivenöl, Knoblauch und schwarzen Pfeffer in einer Küchenmaschine mittelfein hacken – es soll keine glatte Paste entstehen.
Beträufeln Sie die Brotscheiben mit ein wenig gutem Olivenöl, dann einen guten TL des Pürees darauf verteilen, mit gehackter Petersilie bestreuen und sofort servieren.

Tipp: Diese Kombination von Ackerbohnen, Petersilie und Zitrone schmeckt erfrischend und delikat.

Linsenköfte

Ergibt 4 Portionen bzw. 20 Köfte

160 g rote Linsen
300 ml Wasser
1 TL Salz
80 g feiner Bulgur
1 TL Paprikaflocken (Pul Biber), mittelscharf
3 TL Tomatenmark
1 TL getrockneter Thymian, zerrieben
1 TL getrockneter Basilikum, zerrieben
1 TL gemahlener Kreuzkümmel
1 mittelgroße Zwiebel, feingehackt
2 EL vegane Margarine
1/2 Bund Frühlingszwiebeln
1 Bund glatte Petersilie, feingehackt
2 EL natives Olivenöl
Saft von 1 Zitrone
1 Romanasalat
1 Zitrone in Schnitzen

Die roten Linsen unter fließendem Wasser waschen, bis das Wasser klar bleibt. In einen Topf geben, Wasser und Salz hinzufügen. Einmal aufkochen lassen, die Hitze reduzieren und köcheln lassen, bis die Linsen gelb sind und das gesamte Wasser aufgesogen haben. Das dauert etwa 10 Min.
Den Topf vom Herd nehmen, sofort den feinen Bulgur unterrühren und bei geschlossenem Deckel etwa 15 Min. quellen lassen.
Inzwischen die Zwiebelwürfel in der Margarine bei mittlerer Hitze glasig braten, Tomatenmark unterrühren und vom Herd nehmen.
Das Grün der Frühlingszwiebeln in sehr dünne Röllchen schneiden und mit Petersilie, Zwiebelwürfel und den Gewürzen mit Linsen- Bulgurmasse vermengen.
Mit Zitronensaft und Olivenöl und Salz abschmecken. Falls die Masse zu trocken ist, ein wenig heißes Wasser dazugeben.
Die Masse gut kneten und mit feuchten Händen etwa 3 cm dicke Köfte formen.
Eine Servierplatte mit Salatblättern auslegen und die Köfte darauf geben. Mit den Zitronenschnitzen garnieren und servieren.

Tipp: Die Linsenköfte werden mit der Hand gegessen. Dazu beträufelt man sie mit etwas Zitronensaft und wickelt sie dann in ein Salatblatt. Das Gurken-Raita von S. 103 schmeckt sehr gut zu dieser sommerlich leichten Vorspeise.

Gedämpfte purpurfarbene Artischocken dazu Foccacia

Für 4 Portionen

4 junge violette Artischocken
Saft von 1/2 Zitrone
50 ml natives Olivenöl
1 kleine Knoblauchzehe, feingehackt
2 EL feingehackte glatte Petersilie
Salz und schwarzer Pfeffer
100 ml gute Gemüsebrühe (S. 35)
feingehackte Petersilie zum Garnieren
1 Foccacia (S. 29)

Die äußeren Blätter entfernen und den Stiel auf etwa 3 cm kürzen. Stiel und Boden mit einem Kartoffelschäler schälen und glätten und die Artischocken in Schnitze schneiden. Eine mittelgroße Schüssel zur Hälfte mit kaltem Wasser füllen, den Zitronensaft hinzugeben, und die vorbereiteten Artischocken ins Wasser legen.

Das Olivenöl bei mittlerer Hitze in einer Pfanne heiß werden lassen, Knoblauch und Petersilie dazugeben und etwa 1 Min. anbraten, dann die vorbereiteten Artischocken sowie Salz und Pfeffer hinzufügen. Gerade soviel Gemüsebrühe angießen, dass die Artischockenschnitze bedeckt sind. Bei geschlossenem Deckel garen, bis sie weich sind. Die Foccacia in Würfel schneiden und diese nach Geschmack mit ein wenig Olivenöl beträufeln.

Die Artischocken aus der Pfanne heben und den Artischockenfond auf die Hälfte reduzieren; die Artischockenstücke wieder in die Pfanne geben, restliche Gemüsebrühe hinzugießen und den letzten EL Petersilie dazugeben. Die Artischockenstücke auf einer Servierplatte anrichten und gemeinsam mit den Foccaciawürfeln servieren.

Tipp: Dieses Frühlings-Gericht sollte nur mit den jüngsten und frischesten Artischocken der Saison zubereitet werden. Dazu passt ein spritziger Weißwein.

Die Salatrezepte

Bataviasalat mit Äpfeln, Nüssen & Ahornsirup

Für 6 Portionen

- **1** Bataviasalat, gewaschen
- **50 g** Haselnussblättchen
- **2** kleine Äpfel (rot und grün)
- **Saft** von 1 Zitrone
- **1 EL** Sojacreme o. Hafersahne
- **1 TL** scharfer Senf
- **1 TL** Ahornsirup
- Salz und schwarzer Pfeffer

Den Bataviasalat in feine Streifen schneiden und in eine Schüssel geben.
Die Haselnussblättchen in einer Pfanne ohne Fett rösten, bis sie duften und leicht Farbe genommen haben, das dauert etwa 7 Min., sofort auf einen Teller kippen, und abkühlen lassen.
Die Äpfel schälen, entkernen, in kleine Würfel schneiden, sofort mit dem Zitronensaft beträufeln und mit den Walnusskernen zum Salat geben.
Die Sojacreme mit Senf, Ahornsirup, Salz und Pfeffer verrühren und abschmecken.
Die Sauce über den Salat gießen, alles sanft miteinander vermengen und sofort servieren.

Tipp: Ein herbstlicher Salat, der gut zur Kastanien-Polenta von S. 83 passt.

Bunter Tomatensalat mit Minze

Für 4 Portionen

- **200 g** Flaschentomaten, entstielt, grobgeschnitten
- **200 g** grüne Tomaten, entstielt, grobgeschnitten
- **200 g** gelbe Tomaten, entstielt, grobgeschnitten
- Fleur de sel
- **1** Schalotte, feingehackt
- **1** gute Handvoll Minzblättchen oder mehr, feingehackt
- **1** Portion klassische Vinaigrette (S. 38)

Tomaten mit Fleur de Sel bestreuen und 10 Min. ziehen lassen, Schalottenwürfelchen unterheben und weitere 10 Min. ziehen lassen. Erst dann die Vinaigrette über die Tomaten gießen und mit den Minzblättchen gut vermengen.

Tipp: Dieser sommerliche Salat passt sehr gut zum Couscous von S. 86 oder zur hausgemachten Pasta von S. 78.

Geschmorter warmer Romanasalat

Für 4 Portionen

8 kleine feste Romanasalate
8 Minzblätter, feingehackt
1 Schalotte, feingehackt
1 Knoblauchzehe, feingehackt
200 ml gute Gemüsebrühe (S. 35)
6 EL natives Olivenöl
Saft von 1 Zitrone
Meersalz und schwarzer Pfeffer

Romanasalate ganz lassen, putzen, waschen und trockenschleudern. Dann der Länge nach halbieren und die feingehackten Minzblättchen zwischen die Salatblätter schieben.
Schalotte und Knoblauch in 2 EL Olivenöl langsam glasig braten, dann die Salathälften dazugeben, salzen und pfeffern.
Die Brühe angießen und etwa 10 Min. auf kleiner Flamme bei geschlossenem Deckel köcheln lassen.
Die Romana-Salate herausnehmen und die Flüssigkeit schnell auf ein Drittel einkochen.
Das restliche Olivenöl und Zitronensaft dazugeben, nochmals abschmecken.
Die Salathälften auf einer Platte anrichten, die Sauce darübergießen und sofort servieren.

Tipp: Dieser Salat ist nicht nur extrem lecker, sondern passt zu fast jedem Gericht.

Blattsalate mit karamellisierten Äpfeln

Für 4 Portionen

je 1 Handvoll roter Eichblattsalat, Lollo Rosso, Friséesalat und Feldsalat o. ä.
2 kleine Äpfel (rot und grün)
2–3 EL Sonnenblumenöl
1–2 EL Rohrzucker
2 EL Kürbiskerne

Für das Dressing
200 ml gute Gemüsebrühe (S. 35)
100 ml Rapsöl
2 EL Apfelessig
100 g Preiselbeeren
3 EL Sojacreme o. Hafersahne
Salz und schwarzer Pfeffer

Salate gründlich waschen und in nicht zu kleine Stücke zupfen oder schneiden.
Äpfel entkernen und in gleich große Spalten schneiden. Sonnenblumenöl in einer Pfanne bei mittlerer Hitze heiß werden lassen, die Apfelspalten hineingeben und schwenken, bis alle leicht mit Öl überzogen sind, den Zucker darüber streuen und in etwa 5 Min. karamellisieren lassen.
Alle Zutaten für das Dressing in einem Schüttelbecher kräftig vermengen. Danach mit Salz und Pfeffer abschmecken. Die Salatblätter in kleinen Portionen durch das Dressing ziehen, abtropfen lassen, denn der Salat soll nur ganz leicht vom Dressing überzogen sein und auf Tellern anrichten, Kürbiskerne darüberstreuen, mit den karamellisierten Apfelspalten garnieren und sofort servieren.

Tipp: Dieser gehaltvolle Salat passt hervorragend zur Steinpilz-Tempura von S. 99.

Fenchelsalat mit Äpfeln, Walnüssen & Minze

Für 4 Portionen

- **4** junge kleine Fenchelknollen
- **2** Orangen
- **2** rote Äpfel
- **12** Walnusskerne, feingehackt
- **2–3 EL** Walnussöl
- Salz und weißer Pfeffer
- **12** Minzeblättchen, in Streifen

Den Fenchel waschen, Strunk entfernen und in sehr dünne Streifen schneiden. Ein wenig Fenchelgrün ebenfalls feinhacken.
Die Orangen großzügig schälen und filetieren, den Saft dabei auffangen.
Die Äpfel waschen, vierteln, entkernen, in dünne Scheiben schneiden und mit dem Orangensaft beträufeln.
Die Fenchelscheiben in eine flache Salatschüssel geben, mit Walnussöl beträufeln und mit Salz und Pfeffer kräftig abschmecken.
Die Orangen- und Apfelscheiben sowie die gehackten Walnusskerne dazugeben, alles vermengen und mit der Minze bestreut servieren.

Tipp: Ein herbstlicher Salat, der der Jahreszeit entsprechend schön gehaltvoll ist.

Marokkanischer Couscous-Salat

Für 4–6 Portionen

- **160 g** Couscous
- **250 ml** kochendes Wasser
- **200 g** Kichererbsen, abgegossen, abgespült
- **150 g** Sultaninen
- **70 g** Mandeln, grobgehackt
- **150 g** rote Paprika, kleingewürfelt
- **150 g** Staudensellerie, kleingewürfelt

Für die Sauce

- **120 ml** Pflanzenöl
- **50 ml** Agavendicksaft
- **Saft** von 1/2 Zitrone
- **1/4 TL** Zimtpulver
- **1/2 TL** gemahlener Kreuzkümmel
- **1/2 TL** Kurkuma
- **1/2 TL** Fleur de sel
- frisch gemahlener Pfeffer

Alle Zutaten für die Sauce in einer Schüssel kräftig verrühren oder im Schüttelbecher vermengen und beiseitestellen.
Couscous in eine Schüssel geben, mit dem kochenden Wasser übergießen und einmal umrühren. Der Couscous soll das gesamte Wasser absorbieren und nicht mehr ganz heiß sein, bevor er weiterverarbeitet wird.
Erst dann die restlichen Zutaten hinzufügen, das Dressing angießen, und alles sorgfältig miteinander vermengen. Je länger dieser Salat durchzieht, desto besser schmeckt er. Am besten also einen Tag im Voraus zubereiten und im Kühlschrank eine Nacht durchziehen lassen.

Karotten-Romana-Salat mit Minze & Datteln

Für 4–6 Portionen

60 g Haselnussblättchen
4 EL Zitronensaft oder mehr
2 EL sehr feingehackte Schalotte
4 EL natives Olivenöl
Salz und schwarzer Pfeffer
450 g Karotten, geschält
50 g entkernte Datteln, feingehackt
1 Handvoll grobgehackte frische Minze
80 g Romanasalatblätter, in mundgerechten Stücken

Die Haselnussblättchen in einer kleinen Pfanne bei knapp mittlerer Hitze etwa 5–7 Min. rösten, bis sie leicht gebräunt sind und duften. Auf einen Teller geben und beiseitestellen.

Zitronensaft, Schalotte und Olivenöl in einer kleinen Schüssel kräftig verrühren und mit Salz und Pfeffer abschmecken.

Die Karotten mit der groben Seite der Vierkantreibe raspeln.

Karotten, Haselnüsse, Datteln, Minze und die Romanasalatblätter in eine große Schüssel geben. Mit dem Dressing beträufeln und vorsichtig vermengen. Noch einmal abschmecken.

Den Salat auf Teller verteilen und sofort servieren.

Tipp: Dieser süße, nussig-knusprige, zitronige Salat sieht durch seine Farben nicht nur besonders appetitlich aus, sondern schmeckt auch besonders gut.

Mexikanischer Avocadosalat

Für 4 Portionen

3 reife Avocados, geschält und feingewürfelt
Saft von 1/2 Limette
1 kleine rote Zwiebel, in sehr dünnen halben Ringen
1/2 Bund Koriandergrün, feingehackt
2 Jalapeño Chilischoten, entkernt, in Ringen
60 ml natives Olivenöl
Salz und schwarzer Pfeffer
1/2 kleine Tomate sowie einige Salatblätter zum Garnieren

Die Avocadowürfel sofort mit dem Limettensaft beträufeln, damit sie sich nicht verfärben. Dann alle weiteren Zutaten dazugeben und sorgfältig vermischen.
Die 1/2 Tomate in wirklich kleine Würfelchen schneiden.
Den Avocadosalat auf schönen festen Salatblättern anrichten und mit einigen wenigen feinen Tomatenwürfelchen garnieren.

Tipp: Dieser Salat bildet mit dem einfachen Maisbrot von S.30 eine köstliche Vorspeise an heißen Tagen.

Schwäbischer Kartoffelsalat

Für 4 Portionen

1,5 kg	festkochende Kartoffeln
200 ml	gute Gemüsebrühe (S. 35)
4 EL	Sonnenblumenöl
4 EL	Weißweinessig
1 Prise	Zucker
2 TL	mittelscharfer Senf
1/2 TL	weißer Pfeffer
1/2 TL	Salz
1	Zwiebel, feingehackt
1 Bund	Schnittlauch, feingehackt

Die Kartoffeln in Salzwasser weichkochen, abgießen, pellen, halbieren und in Scheiben schneiden und in eine große Schale geben.
Kartoffeln mit der heißen Brühe übergießen, und die Schale kurz durchschütteln.
Sonnenblumenöl, Weißweinessig, Zucker, Senf, Salz und Pfeffer im Schüttelbecher kräftig vermischen.
Zwiebel und Petersilie über die Kartoffeln streuen und mit der Marinade übergießen.
Sehr vorsichtig durchrühren.
Abgedeckt bei Zimmertemperatur 2 Std. durchziehen lassen. Noch einmal abschmecken und zimmerwarm servieren.

Tipp: Das Dressing wird während der Ruhezeit komplett von den Kartoffel aufgesogen.

Kartoffel-Cornichon-Salat

Für 4 Portionen

1,5 kg Kartoffeln
350 g feine Cornichons mit Chili
1 mittelgroße rote Zwiebel, sehr feingehackt
1 Portion Klassische Vegnaise (S. 38)
60 ml Cornichonwasser
2 EL Dijonsenf
1 Bund Schnittlauch
Salz und schwarzer Pfeffer

Die Kartoffeln in Salzwasser weichkochen, abgießen, pellen, halbieren, in mittelgroße Würfel schneiden und in eine große Schale geben.
Die Cornichons in sehr kleine Würfel schneiden. Veganaise mit Zwiebel- und Cornichonwürfelchen, Senf, Cornichonwasser und den Schnittlauchröllchen verrühren und unter die Kartoffeln heben. Mit Salz und Pfeffer abschmecken.
Abgedeckt bei Zimmertemperatur 2 Std. durchziehen lassen. Noch einmal abschmecken und zimmerwarm servieren.

Brokkolisalat mit Oliven

Für 4 Portionen

600 g Brokkoli
1 in Essig eingelegte rote Paprika
12 schwarze Oliven
2 EL Kapern
4 EL natives Olivenöl
2 EL weißer Balsamico
Salz und schwarzer Pfeffer

Brokkoli in reichlich Salzwasser al dente kochen, abgießen, auskühlen lassen und in Röschen zerteilen.
Die entkernte Paprika in sehr feine Streifen schneiden und mit den grobgehackten Oliven, Kapern sowie dem Olivenöl und Balsamico unter den Brokkoli mischen. Mit Salz und Pfeffer abschmecken und sofort servieren.

Tipp: Dazu passt ein knuspriges Baguette.

Puy-Linsensalat mit Kräutern

Für 4 Portionen

Für den Salat

1 Zwiebel, feingehackt
4 EL natives Olivenöl
400 g grüne Puy-Linsen
1 Bouquet garni (Lorbeerblatt, Rosamarin, Thymian)
3 Schalotten, feingehackt
Salz und schwarzer Pfeffer
1 Portion elegante Vinaigrette (S. 38)

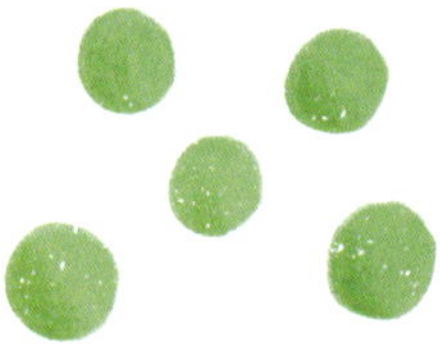

In einem Topf bei mittlerer Hitze Zwiebeln in 2 EL Olivenöl etwa 2 Min. anbraten, Linsen hinzufügen. Mit der gleichen Menge Wasser aufgießen. Bouquet garni, Salz und Pfeffer hinzufügen und etwa 30 Min. sanft köcheln lassen. Vom Herd nehmen, Linsen abtropfen und abkühlen lassen.

Währenddessen in einer Pfanne Schalotten bei mittlerer Hitze im restlichen Olivenöl in etwa 10 Min. glasig braten. Beiseitestellen und etwas abkühlen lassen.

Linsen mit den Schalotten und der Vinaigrette vermengen. Mit den Schnittlauchröllchen bestreuen und lauwarm servieren.

Tipp: Die französischen Puy-Linsen zeichnen sich durch ihr nussiges Aroma und ihre Bissfestigkeit aus.

Endiviensalat mit Orangenfilets

Für 4 Portionen

300 g Endiviensalat
2 kleine Orangen
200 g Chashewjoghurt
10 EL Orangensaft
Salz und schwarzer Pfeffer
Zucker

Endiviensalat putzen, waschen, trockenschleudern und in mundgerechte Stücke schneiden.

Die Orange filetieren, den Saft dabei auffangen, und die Filets noch einmal hälften.

Den Cashewjoghurt mit dem Orangensaft, etwas Salz, Pfeffer und Zucker verrühren.

Salat und Orangenstücke mit der Sauce anrichten und sofort servieren.

Tipp: Dieser bittersüße Salat passt hervorragend zur Feijoada von S. 74.

Marinierte Rote Bete auf Feldsalat mit Walnüssen

Für 4 Portionen

- **200 g** frische rote Bete, geschält
- **Saft** von 1 Orange
- **2** gute Handvoll Feldsalat
- **1** Handvoll Walnüsse
- **1** Orange
- **1 EL** Agavendicksaft
- **1 TL** Dijonsenf
- **1 EL** weißer Balsamico
- **3 EL** Walnussöl
- Salz und schwarzer Pfeffer

Die rote Bete mit einem scharfen Messer oder dem Käsehobel in sehr dünne Scheiben schneiden, am besten tragen Sie dazu Einweghandschuhe, denn die rote Bete färbt. Die Scheiben mit dem Orangensaft in eine flache Schale geben und mit Salz und Pfeffer würzen. Die rote Bete sollte mind. 2 Std., gern auch länger, in dem Saft marinieren. Durch ihre intensive Farbe färbt sich der Saft knallpink, und die Bete wird etwas weicher.

Die Orange filetieren, den Saft dabei auffangen, und die Filets noch einmal hälften. Aus diesem Saft, dem Agavendicksaft, Dijonsenf und Balsamico eine Sauce rühren, dann das Walnussöl kräftig unterschlagen und mit Salz und Pfeffer abschmecken. Die Sauce in eine Salatschüssel geben und den Feldsalat darin wenden, bis alle Blätter mit Sauce benetzt sind.
Den Feldsalat auf vier Teller verteilen, die Rote-Bete-Scheiben und Orangenfilets darauf anrichten, mit den Walnüssen bestreuen und sofort servieren.

Tipp: Dieses farbenfrohe Gericht ist ein Mittelding zwischen Salat und Carpaccio und schmeckt am besten zur Winterzeit.

Mediterrane Rezepte & Artverwandtes

Panierte Auberginen-Tomaten-Sandwiches mit Zitronensauce

Für 4 Portionen

1 große oder 2 kleine Auberginen
mind. 1 EL Salz
2 EL natives Olivenöl
80 g Weizenmehl
4 EL Wasser
120 g Pankomehl
40 g Maisgrieß (Polenta)
5 schöne mittelgroße Flaschentomaten
einige Zweige Rosmarin
frisch gemahlener schwarzen Pfeffer
1 EL natives Olivenöl
Zitronenschnitze von 1 Zitrone
Salz und schwarzer Pfeffer

Die Auberginen waschen, putzen und in 16 Scheiben etwa 1/2 cm dicke Scheiben schneiden. Diese in ein Sieb geben, mit 1 EL Salz bestreuen (alle Scheiben sollen gesalzen sein). 30 Min. stehen lassen. Das Salz zieht Wasser aus den Scheiben, das durch das Sieb abtropfen kann. Die Scheiben kurz abspülen und kräftig mit Küchenpapier trockentupfen.
Den Backofen auf 200 °C vorheizen.
Tomaten waschen, putzen und in 1 cm dicke Scheiben schneiden.
Zwei kalte Backbleche mit jeweils 1 EL Olivenöl auspinseln.
Das Weizenmehl mit dem Wasser sorgfältig in einem Suppenteller verrühren.
Das Pankomehl zusammen mit dem Maisgrieß in einen weiteren Suppenteller geben.
Die Auberginenscheiben in die Mehlwassermischung tauchen und in der Pankomehlmischung wenden, dabei die Panade fest andrücken, überschüssiges Mehl abschütteln.
Die Scheiben auf einem Backblech nebeneinander anordnen.
Auf dem zweiten Backblech die Tomatenscheiben anordnen, ein wenig salzen und großzügig pfeffern.
In den Backofen geben und etwa 20 Min. backen, dabei einmal wenden, bis die Tomaten weich und die Auberginen auf beiden Seiten goldbraun sind. Die Tomatenscheiben nach dem Wenden mit den Rosmarinzweigen belegen.
Die Backbleche aus dem Ofen holen und jeweils zwei bis drei Tomatenscheiben (ohne Rosmarinzweige) auf 8 Auberginenscheiben verteilen und jeweils mit einer weiteren Auberginenscheibe bedecken.
Die 8 Auberginen-Sandwiches auf einer warmen Servierplatte anrichten und heiß servieren, die Zitronenschnitze separat dazu reichen.

Tipp: Dieses Gericht sieht nicht nur gut aus, sondern schmeckt auch hervorragend

Champagner-Sauerkraut-Topf mit Kartoffeln

Für 4 Portionen

3 Zwiebeln, in dünnen Ringen
2 EL natives Olivenöl
1 kg Sauerkraut
2 Äpfel, geschält und grobgewürfelt
3 Lorbeerblätter
500 ml gute Gemüsebrühe, (S. 35)
750 ml Champagner
1 kg Kartoffeln, geschält, grobgewürfelt
Salz und schwarzer Pfeffer

Den Backofen auf 160 °C vorheizen.
Die Zwiebeln in etwas Öl in einem hohen ofenfesten Topf (ca. 28 cm ø) anbraten. Sauerkraut, Äpfel und Lorbeer hinzufügen, gut umrühren.
Brühe und 500 ml Champagner angießen.
Mit Salz und Pfeffer würzen, aufkochen lassen und zugedeckt 2 Std. in den Backofen stellen.
Die Kartoffelwürfel dazugeben und weitere 30 Min. garen.
Restlichen Champagner darübergießen, kurz heiß werden lassen und sofort servieren.

Tipp: Diese luxuriöse Variante der elsässischen Sauerkraut-Spezialität stammt aus der Champagne-Ardenne.

Cidre-Rotkohl-Topf mit Maronen

Für 4 Portionen

1 Zwiebel, in dünnen Ringen
2 EL natives Olivenöl
1 Rotkohl, in langen Lamellen
3 EL Cidre-Essig
300 ml gute Gemüsebrühe (S. 35)
300 g Maronen, geschält und vorgekocht
1 TL Rohrzucker
Salz und schwarzer Pfeffer

In einem hohen Topf Zwiebeln in Öl anbraten, Rotkohl, Essig und Brühe hinzufügen, gut umrühren.
Zudecken, einmal aufkochen und etwa 45 Min. bei ganz geringer Hitze köcheln lassen, dabei gelegentlich umrühren.
Maronen und Zucker hinzufügen, weitere 30 Min. köcheln lassen und mit Salz und Pfeffer abschmecken und servieren.

Tipp: Ein wärmendes Winteressen. Wer es nicht ganz so reichhaltig möchte, kann die Maronen auch durch Kartoffeln ersetzen.

Feijoada mit Farofa – Brasilianischer Schwarze-Bohnen-Eintopf

Für 6 Portionen

60 ml natives Olivenöl
1 große Zwiebel, feingehackt
1 mittelgroße Karotte, geschält und feingehackt
1 große Süßkartoffel, geschält und 1 cm großen Würfeln
1 EL Rohrzucker
8 Knoblauchzehen, feingehackt
etwa 2 EL Chilipulver nach Geschmack
1 1/2 TL gemahlener Kreuzkümmel
1 EL Kakaopulver
1/4 TL Cayennepfeffer
1 Dose geschälte Tomaten à 400 g
2 EL Aceto Balsamico di Modena
1 Dose schwarze Bohnen à 450 g, abgegossen, Flüssigkeit auffangen
120 ml Wasser
2 TL Salz
1 Handvoll Koriandergrün, gehackt
1 Orange

Für die Farofa
200 g Maniokmehl
1 kleine Zwiebel, feingehackt
1 kleine Knoblauchzehe mit Salz zerdrückt
1–2 EL natives Olivenöl
1 TL Salz
1 Portion Endivien-Orangen-Salat (S. 68)

Olivenöl in einem Schmortopf bei mittlerer Hitze heiß werden lassen. Zwiebel, Karotte, Süßkartoffel und Zucker hineingeben und köcheln, bis das Gemüse beginnt, weich zu werden, das dauert etwa 12 Min., dabei gelegentlich rühren.
Knoblauch, Chilipulver, Kreuzkümmel, Kakaopulver und Cayennepfeffer dazugeben und 1–2 Min. mitbraten, bis es duftet, dabei stetig rühren.
Tomaten mit dem Saft in eine große Schüssel geben und mit den Händen sanft zerquetschen. Tomaten, Essig und schwarze Bohnen in den Schmortopf zum Gemüse geben, 120 ml der Bohnenflüssigkeit und 120 ml Wasser angießen.
Einmal aufkochen lassen, Hitze reduzieren, Topf teilweise bedecken und ganz leise köcheln lassen, dabei gelegentlich umrühren. Nach 15–25 Min. sollte die Masse schön dick sein.

Für die Farofa das Olivenöl in einen kleinen Topf geben, Zwiebel und Knoblauch hinzufügen und bei geringer Hitze anbraten, bis sie gerade beginnen Farbe zu nehmen. Nun das Maniokmehl hinzufügen und etwa 5 Min. rösten, dabei ständig rühren. Maniok und Zwiebeln sollen goldbraun und knusprig werden. Sofort vom Feuer nehmen und mit Salz abschmecken.

Die Feijoada auf Suppenteller verteilen und mit der Farofa, sei es daneben oder darübergestreut, und den Orangenscheibenhälften servieren. Dazu wird traditionell, Reis serviert. Aber Nachos passen auch sehr gut, ebenso der Endivien-Orangen-Salat von S. 68 oder ein paar Avocadospalten und Tomatensalat.

Tipp: Dies ist die schnelle Variante der Feijoada, die langsame wird mit getrockneten Bohnen gemacht, die über Nacht eingeweicht werden müssen. Das Einweichwasser am nächsten Tag entsorgen, und die Bohnen mit frischem kalten Wasser bedeckt aufsetzen und in etwa 60–80 Min. gar kochen. Wenn die Bohnen noch nicht ganz gar sind alle übrigen Zutaten hinzufügen, nicht aber das Salz. Das darf erst dazu, wenn die Bohnen wirklich gar sind, sonst verlängert es unnötig die Kochzeit.

Ochsenherztomaten aus dem Ofen

Für 4 Portionen

150 g Couscous
2 TL Ras el-Hanout (arabische Gewürzmischung)
300 ml gute Gemüsebrühe (S. 35)
8 nicht zu große Ochsenherztomaten à ca. 200 g
50 g getrocknete Tomaten, abgetropft, gewürfelt
2 EL Korinthen
4–5 Stängel Thymian
Meersalz
Chiliflocken nach Geschmack
3 EL natives Olivenöl

Couscous in einer Schüssel mit Ras el-Hanout mischen. Brühe aufkochen und so viel drüber gießen, dass der Couscous gerade damit bedeckt ist, etwa 10 Min. quellen lassen.

Den Backofen auf 200 °C vorheizen.

Ochsenherztomaten waschen, jeweils einen Deckel abschneiden und mit einem Teelöffel aushöhlen. Hälfte der Thymianblättchen abstreifen.

Couscous mit einer Gabel auflockern, mit den zubereiteten Zutaten mischen, mit Salz und Chiliflocken sehr kräftig abschmecken und die Tomaten damit füllen.

Gefüllte Tomaten in eine Auflaufform setzen. Mit Öl beträufeln, restliche Gemüsebrühe angießen, und die restlichen Thymianzweige in die Brühe geben. Im heißen Ofen etwa 15 Min. backen. Tomatendeckel auflegen und weitere 10 Min. garen. Aus dem Ofen nehmen und vor dem Servieren kurz ruhen lassen.

Tipp: Das Safranbrot mit Mandeln von S. 31 ist ein eleganter Begleiter dieser orientalischen Speise.

Polenta mit Steinpilzen

Für 4 Portionen

500 g Steinpilze
50 g vegane Margarine
1 Knoblauchzehe, feingehackt
100 ml Weißwein
100 g Polenta (mittelfeiner Maisgrieß)
1 TL Salz
50 g Sojacreme o. Hafersahne
3 EL gehackte glatte Petersilie
Salz und schwarzer Pfeffer

Die Steinpilze putzen und in Scheiben schneiden.
In einer Pfanne die Margarine zerlassen, Steinpilze und Knoblauch dazugeben, mit Pfeffer würzen und etwa 5 Min. dünsten. Mit Weißwein aufgießen und einige Min. köcheln lassen, bis der Wein verdampft ist. Mit Salz und Pfeffer noch einmal abschmecken.
Die Polenta mit dem Salz nach Packungsanweisung zubereiten, wenn die Polenta fertig ist, die Sojasahne unterrühren und noch einmal mit Salz und Pfeffer abschmecken.
Die Polenta auf tiefe Teller verteilen, die gebratenen Steinpilze darübergeben, mit Petersilie bestreuen und sofort servieren.

Hausgemachte Pasta mit klassischer Tomatensauce

Für 4–6 Portionen

Für die Pasta

400 g doppelt gemahlenes italienisches Hartweizenmehl (Semola di grano duro)
200 ml Wasser
1 TL Salz

Für die Tomatensauce

300 g Tomaten
3 TL natives Olivenöl
1 Schalotte, feingehackt
1 Knoblauchzehe, ungeschält
1 TL Tomatenmark
1 kleines Kräutersträußchen (Rosmarin, Thymian, 1 Lorbeerblatt)
200 ml gute Gemüsebrühe
Salz und schwarzer Pfeffer
2 Handvoll frische Basilikumblätter, gewaschen und abgerupft

100 g Semmelbrösel

Für die Sauce die Tomaten mit einem Tomatenschälmesser schälen, halbieren und die Stielansätze herausschneiden. Kerne und Flüssigkeit vorsichtig herausdrücken.
Olivenöl in einem Topf erhitzen, Schalotte und die zerdrückte Knoblauchzehe bei geringer Hitze darin anbraten, ohne dass sie Farbe annehmen. Die Tomaten, das Tomatenmark, das Kräutersträußchen und die Brühe hinzufügen, und das Ganze bei mittlerer bis geringer Hitze zugedeckt etwa 20 Min. kochen lassen.
Die Semmelbrösel in einer Pfanne ohne Fett rösten, bis sie goldbraun sind.
Das Kräutersträußchen entfernen, die Sauce im Mixer oder mit dem Zauberstab pürieren und mit Salz und Pfeffer abschmecken. Sollte die Sauce zu dünn sein, noch einmal etwas einkochen und eindicken lassen. Vor dem Servieren frische Basilikumblätter hineinrühren.
Für den Teig das Mehl auf die Arbeitsfläche sieben, Salz dazugeben, in die Mitte eine Mulde drücken und langsam das Wasser hineingießen. Rasch zu einem Teig verkneten. Zu Beginn scheint es, als ob sich der Grieß nicht auflösen würde. Doch je länger man knetet, um so geschmeidiger wird der Teig. Diesen etwa 10 Min. mit den Handballen bearbeiten und kneten, anschließend die Teigkugel 10–15 Mal auf die Arbeitsfläche schlagen.
Wenn der Teig zu fest wirkt, also nicht geschmeidig wird, einfach tropfenweise Wasser zufügen. Ist der Teig zu weich, noch

dann mit einem scharfen Messer in dünne oder dickere Streifen schneiden.
Einen großen Topf mit Salzwasser zum Kochen bringen, und die Teigstücke portionsweise hineingeben. Sobald sie an die Oberfläche steigen noch ein paar Min. köcheln lassen, bis sie al dente sind. Herausnehmen, abtropfen lassen, wieder inde Topf geben und gründlich mit der heißen Tomatensauce vermengen. Auf vier vorgewärmte Teller verteilen, mit den gerösteten Semmelbröseln bestreuen und sofort servieren.

Tipp: Diese selbstgemachte Pasta geht einfach und schmeckt, mit der klassischen Sauce und den gerösteten Semmelbröseln sowie einem knackigen Salat und einem leichten italienischem Rotwein, zu jeder Jahreszeit.

Gebackener Brokkoli mit Schalotten & Zitrone

Für 6 Portionen

900 g Brokkoli, geputzt, in kleinen Röschen
90 ml natives Olivenöl
Salz
4 große Schalotten, sehr feingehackt
1 TL Rohrzucker
Schale von 1 Zitrone, in feinen Zesten
1 EL Zitronensaft
schwarzer Pfeffer

Den Backofen auf 220 °C vorheizen und ein Backblech mit Aluminumfolie auskleiden.
Die Brokkoliröschen darauf verteilen, mit 60 ml Olivenöl beträufeln und ein wenig Salz bestreuen. Im Ofen backen, bis die Röschen weich und ein wenig gebräunt sind, das dauert 20–25 Min., dabei die Röschen gelegentlich wenden.
Aus dem Ofen nehmen, etwas abkühlen lassen und in eine Schüssel geben.
In der Zwischenzeit das restliche Olivenöl in einer mittelgroßen Pfanne bei mittlerer Hitze heiß werden lassen. Schalotten und Zucker hineingeben und braten, bis sie weich und leicht gebräunt sind, das dauert 15–20 Min., dabei immer wieder rühren.
Schalotten, Zitronenschale und -saft unter den Brokkoli mischen, mit Salz und Pfeffer abschmecken.
Warm servieren.

Grüne Bohnen & Kartoffeln mit Basilikumcreme

Für 4 Portionen

300 g grüne Bohnen
300 g festkochende Kartoffeln
1 Schalotte, in dünnen Scheiben
3 EL natives Olivenöl
1 Knoblauchzehe
1 EL frischer Majoran
Salz und schwarzer Pfeffer

Für die Basilikumcreme

1/2 Bund Basilikum
etwa 50 ml natives Olivenöl
1 kleine Knoblauchzehe
1 ordentliche Prise Salz

Bohnen waschen, putzen und in etwa 5 cm große Stücke schneiden. Mit kaltem Wasser aufsetzen und in etwa 20 Min. al dente kochen. Abgießen und abschrecken.

Kartoffeln schälen und je nach Größe vierteln oder achteln.

Die Schalotte mit den Kartoffeln in einer Pfanne mit dem Olivenöl goldbraun braten. Mit Salz und Pfeffer würzen.

Basilikum waschen, trockenschleudern und die Blätter abzupfen.

Mit dem Olivenöl, der geschälten Knoblauchzehe und einer ordentlichen Prise Salz mit dem Stabmixer zur Creme pürieren. Zum Schluss noch einmal mit Salz abschmecken.

Die Bohnen zu den Kartoffeln in die Pfanne geben und bei geringer Hitze unter ständigem Rühren braten.

In tiefe Teller füllen, einige Klekse Basilikumcreme darauf geben und sofort servieren.

Tipp: Zu diesem Gericht à la Carlo Bernasconi reichen Sie ein knuspriges Baguette.

Maissuppe mit Oliven, Paprika, Croutons & Chili

Für 4 Portionen

2 Dosen Maiskörner, (je 230 g Abtropfgewicht)
3 Knoblauchzehen, in Scheiben
1 Chilischote, entkernt, in feinen Ringen
6 EL natives Olivenöl
Salz
1/2 Tl mildes Currypulver
800 ml gute Gemüsebrühe (S. 35)
100 ml Sojacreme oder Hafersahne
Zucker
Saft von 1/2 Limette
5 Stiele Koriandergrün, grobgehackt
1 Handvoll Oliven, grobgehackt
1 rote Paprikaschote, in feinen Streifen
Chiliflocken

Mais in einem Sieb abtropfen lassen.
Knoblauch und Chili in einem Topf in 2 El Olivenöl andünsten. Mais zugeben und kurz mitdünsten und salzen. Currypulver zugeben und 1–2 Min. mitdünsten. Gemüsebrühe und Sojacreme zugießen. Suppe bei mittlerer Hitze 5 Min. kochen.
Suppe mit dem Zauberstab feinpürieren, evtl. mehr Gemüsebrühe zugeben, falls die Suppe zu dick sein sollte. Mit Salz, Zucker und dem Saft von einer 1/2 Limette abschmecken.
Die Suppe in einer großen Terrine servieren. dazu in kleinen Schälchen die grobgehackten Oliven, Paprikastreifen und Chiliflocken reichen.

Tipp: Dieses Rezept lässt sich sehr schnell zubereiten, und meistens sind die Zutaten sowieso im Haus, also wenn unverhofft hungrige Gäste vorbeikommen, bietet es sich an. Außerdem macht es, durch die ganzen Schälchen mit den Extrazutaten wirklich etwas her. Dazu passt natürlich eines der Maisbrote von S. 27 und S. 30.

Pissaladière – Provenzalische Pizza

Für 4 Portioen bzw. 1 Backblech

1 kg Zwiebeln, in halben Ringen
4–5 EL natives Olivenöl
3 Knoblauchzehen, sehr feingehackt
etwa 15 kleine schwarze und grüne entkernte Oliven
Salz und schwarzer Pfeffer

Für den Teig

250 g Mehl
1 Prise Salz
1/2 Würfel frische Hefe, zerbröselt
1 TL Zucker
120 ml lauwarmes Wasser
1 EL Sonnenblumenöl

Mehl und Salz in eine Schüssel geben, in die Mitte eine Mulde drücken.
Hefe mit dem Zucker in etwas warmem Wasser auflösen, das dauert etwa 5 Min. und in die Mulde geben. Restliches Wasser und 1 EL Öl hinzufügen, mit einem Kochlöffel vermischen, dann kräftig kneten, bis der Teig nicht mehr klebt. Eine Kugel formen, mit einem Geschirrtuch abdecken und 20 Min. an einem warmen Ort gehen lassen.
Den Backofen auf 240 °C vorheizen.
In einer Pfanne Zwiebelringe in etwas Öl bei mittlerer Hitzer anbraten. Restliches Öl hinzufügen und weitere 20 Min. bei geringer Hitze sanft köcheln lassen, dabei gelegentlich umrühren. Knoblauch, Salz und Pfeffer unterrühren und beiseitestellen.
Den Teig halbieren, beide Hälften oval ausrollen und nebeneinander auf ein geöltes Backblech legen.
Zwiebeln und Oliven auf den Böden verteilen, im Backofen 15–20 Min. backen und sofort heiß servieren.

Kastanien-Polenta dazu ein herbstlicher Bataviasalat

Für 4 Portionen

1 kg Kastanienmehl
2 l Wasser
5 TL Salz
1 Portion Batviasalat (S. 60)

In einem großem Topf Salzwasser aufkochen lassen. Unter regelmäßigem Rühren langsam das Kastanienmehl hineinstreuen und 15–20 Min. kochen lassen, dabei konstant weiter umrühren. Und Achtung: Die Masse spritzt!
Wenn die Polenta sich leicht vom Topfrand löst, also nicht mehr klebt, den Topf vom Herd nehmen und den Teig noch etwa 5 Min. mit dem Kochlöffel durcharbeiten, bis er elastisch wird. Ein Küchentuch mit 4 ELKastanienmehl bestäuben, die Polenta daraufgeben, zu einer Kugel formen und einige Min. ruhen lassen. Dann vorsichtig in Scheiben schneiden, gegebenenfalls mit Hilfe eines Fadens.

Gebackene Blumenkohlröschen mit roten Zwiebeln & Knoblauch

Für 4 Portionen

900 g Blumenkohl, geputzt, in kleinen Röschen
1 große rote Zwiebel, in 1 cm dicken halben Ringen
12 Knoblauchzehen, geschält
4 Zweige frischer Thymian
60 ml natives Olivenöl
Fleur de sel und schwarzer Pfeffer

Den Backofen auf 220 °C vorheizen.
Blumenkohlröschen, Zwiebeln, Knoblauch und Thymian in eine große Schüssel geben. Mit Olivenöl beträufeln, großzügig mit Salz und Pfeffer bestreuen und gründlich vermengen.
Auf einem Backblech verteilen und im Ofen backen, bis die Blumenkohlröschen weich und leicht gebräunt sind, das dauert 25–35 Min., dabei die Röschen gelegentlich wenden. Noch einmal abschmecken und heiß servieren.

Tipp: Auch dieses Rezept mag sich im ersten Moment vielleicht eher »basic« anhören, aber der gezwiebelte und geknoblauchte Blumenkohl schmeckt einfach köstlich. Hierzu passt besonders gut die Foccacia von S. 29 sowie ein schöner kühler säurehaltiger Weißwein.

Safran-Pilaw

Für 4 Portionen

400 g Basmatireis
1/4 TL Safranfäden, gemörsert
1 EL kochendes Wasser
60 ml natives Olivenöl
60 g Mandelblättchen
1 große Schalotte, feingehackt
600 ml heiße gute Gemüsebrühe (S.35)
3/4 TL Salz

Den Backofen auf 200 °C vorheizen.
Den Reis mehrmals in einer Schüssel mit kaltem Wasser waschen, bis das Wasser klar ist. In ein Sieb abgießen und beiseitestellen.
Den gemörserten Safran in 1 EL kochendem Wasser in einer kleinen Schüssel auflösen und beiseitestellen.
Olivenöl in einem Bräter bei mittlerer Hitze heiß werden lassen, Mandelblättchen hineingeben und in etwa 2 Min. goldbraun werden lassen, dabei stetig rühren, sonst brennen sie an. Mit einer Schaumkelle aus der Pfanne heben und auf Küchenpapier abtropfen lassen.

Schalottenwürfelchen in dasselbe Öl geben und bei mittlerer Hitze weichköcheln, das dauert 6–7 Min., dabei gelegentlich umrühren. Reis dazugeben und gut vermengen, bis der Reis glasig aussieht. Die heiße Brühe und Safranwasser angießen und Salz hinzufügen und verrühren. Das Ganze schnell einmal aufkochen lassen, dabei den Reis nicht rühren oder bewegen. Nun den Reis mit einem Blatt Backpapier, das auf die Größe des Bräters zugeschnitten ist, abdecken. Den Deckel auf den Bräter setzen und ihn für 15–20 Min. in den heißen Backofen geben. Während der ganzen Zeit den Deckel nicht abnehmen.
Den Bräter aus dem Backofen holen und den Reis prüfen. Er soll weich und nicht knusprig sein, und die Reiskörner sollen nicht zusammenkleben. Den Reis etwa 3–5 Min. ruhen lassen, dann mit einer Gabel durchrühren, dabei die Mandelblättchen im Reis verteilen und sofort servieren.

Tipp: Der bunte Tomatensalat von S.60 passt gut zu diesem Pilaw.

Spargel-Risotto

Für 4 Portionen

600 g grüner Spargel
2 kleine Schalotten, feingehackt
300 g Carnaroli-Reis
6 EL natives Olivenöl
100 ml Weißwein
6 EL Sojacreme o. Hafersahne
2 EL gehackte glatte Petersilie
Salz und schwarzer Pfeffer

Grünen Spargel waschen und die holzigen Enden abschneiden.
Spargelstangen in 3 cm große Stücke schneiden und 5 Min. in sprudelndem Salzwasser kochen, sofort abgießen, das Spargelwasser auffangen und beiseitestellen.
3 EL Olivenöl in einem weiten Topf zerlassen, Schalottenwürfelchen hineingeben und bei mittlerer Hitze weichköcheln, das dauert 6–7 Min., dabei gelegentlich umrühren. Reis dazugeben und gut vermengen, bis der Reis glasig aussieht. Danach mit Weißwein ablöschen, und einkochen lassen, bis der Reis fast trocken erscheint.
Nach und nach das heiße Spargelwasser dazugeben, dabei stetig rühren.
Nach 10–15 Min. die Spargelstücke in den Risotto geben und etwa 5 Min. mitgaren, bis ein bissfester Risotto entstanden ist.
Nun das restliche Olivenöl sowie die Sojacreme hineinrühren und kräftig mit Salz und schwarzem Pfeffer abschmecken.

Tunesischer Süßkartoffeltopf

Für 6 Portionen

- **1** Zwiebel, feingehackt
- **2** Jalapenos, entkernt und gewürfelt
- **2 TL** geriebener frischer Ingwer
- **2** Knoblauchzehen, mit Salz zerdrückt
- **3 TL** gemahlener Kreuzkümmel
- **1 TL** Zimtpulver
- **1/2 TL** zerstoßener roter Pfeffer
- **1/2 TL** gemahlener Koriander
- **2–3** Süßkartoffel (je nach Größe), geschält und grobgehackt
- **2 Dosen** stückige Tomaten (à 400 g)
- **2 Dosen** Kichererbsen (à 400 g)
- **120 g** grüne Bohnen, geputzt, in 2 1/2 cm großen Stücken
- **375 ml** gute Gemüsebrühe (S. 35)
- **140 g** Erdnussbutter
- **5** Stängel Koriandergrün, gehackt

Zwiebel, Jalapenos und Knoblauch mit 80 ml Wasser in einen großen Topf geben und bei mittlerer Hitze 5 Min. köcheln lassen, dabei gelegentlich umrühren.

Kreuzkümmel, Zimt, Pfeffer und Koriander hineinrühren und unter Rühren einmal aufkochen lassen.

Süßkartoffeln, Tomaten, Kichererbsen, Bohnen, Gemüsebrühe und Erdnussbutter dazugeben, einmal aufkochen lassen, Hitze auf kleinste Stufe reduzieren und 30 Min. köcheln lassen, bis die Süßkartoffeln weich sind, dabei gelegentlich umrühren.

Koriandergrün hineinrühren, das Ganz etwa 5 Min. ruhen lassen und heiß zu Reis servieren.

Couscous mit Korinthen, Pinienkernen & Frühlingszwiebeln

Für 6 Portionen

- **480 ml** gute Gemüsebrühe (S. 35)
- **250 g** Couscous
- **2 EL** natives Olivenöl, plus mehr zum Beträufeln
- **1** Bund Frühlingszwiebeln, das Weiße und Hellgrüne, in dünnen Scheiben
- **80 g** Pinienkerne
- **170 g** Korinthen
- Salz und schwarzer Pfeffer
- Chiliflocken nach Geschmack

Die Brühe in einem mittelgroßen Topf aufkochen, Hitze ausstellen und den Couscous kräftig hineinrühren. Abdecken und 5–10 Min. ruhen lassen, bis die Flüssigkeit absorbiert ist, dabei einmal umrühren.

Korinthen in einer Tasse mit heißem Wasser einweichen.

In der Zwischenzeit Olivenöl in einer mittelgroßen Pfanne bei mittlerer Hitze heiß werden lassen. Frühlingszwiebeln und Pinienkerne hineingeben und braten, bis die

Frühlingszwiebeln weich sind und die Pinienkerne duften, das dauert 5–7 Min., dabei gelegentlich umrühren.
Couscous mit einer Gabel auflockern, in eine Schüssel geben.
Korinthen ausdrücken und mit den Frühlingszwiebeln und Pinienkernen unter das Couscous rühren. Mit Salz und Pfeffer abschmecken und mit Olivenöl beträufeln.

Tipp: Dieses Couscous schmeckt heiß, warm oder auch kalt.

Zwiebelkuchen mit Feigen und gerösteten Pinienkernen

Für 4 Portionen bzw. 1 Backblech

Für den Teig
20 g Hefe
125 ml lauwarme Hafermilch
300 g Mehl (Type 550)
1/2 TL Salz

Für den Belag
1 EL Öl
600 g Zwiebeln, in dünnen Ringen
2 EL Apfelessig
150 g Feigen, in Spalten
300 g Sojacreme
Thymian
Salz und schwarzer Pfeffer
1 Handvoll Pinienkerne

Die frische Hefe in die lauwarme Hafermilch krümeln und etwa 10 Min. abgedeckt stehen lassen, bis sie sich aufgelöst hat.
Das Mehl mit dem Salz in einer großen Schüssel gründlich vermengen. In die Mitte eine Mulde drücken und die Hafermilch hineingießen. Die Zutaten gründlich, erst mit einem Holzlöffel und dann mit den Händen, zu einem glatten Teig verarbeiten. Evtl. mehr Mehl dazugeben, wenn der Teig zu klebrig ist. Den Teig gut 5 Min. auf der Arbeitsfläche mit bemehlten Händen durchkneten, anschließend in die Schüssel geben, mit einem Geschirrtuch abdecken und etwa 1 Std. bei Zimmertemperatur gehen lassen, bis er sich verdoppelt hat.
Den Backofen auf 200 °C vorheizen.
In einer Pfanne das Öl erhitzen und die Zwiebeln bei mittlerer Hitze glasig andünsten. Den Apfelessig mit der Sojacreme verrühren und mit Salz, Pfeffer und Thymian abschmecken.
Den Teig noch einmal kurz durchkneten, dann rechteckig ausrollen und dabei einen leichten Rand formen. Die Zwiebelmasse gleichmäßig darauf verteilen. Anschließend gleichmäßig die Sojacreme darauf verteilen. Die Feigenspalten leicht in die Masse drücken. Im Ofen bei 200 °C 30–40 Min. backen, bis der Zwiebelkuchen knusprig ist.
Währenddessen die Pinienkerne in einer Pfanne ohne Fett rösten, bis es duftet. Debei mit einem Holzlöffel rühren, die Kerne brennen leicht an. Beiseitestellen.
Den Zwiebelkuchen aus dem Backofen holen, mit den Pinienkernen bestreuen und sofrt serveren.

Tipp: Dazu passt ein frischer Riesling sehr gut.

Fondues
&
Artverwandtes

Sehr würziges Gemüsefondue dazu Olivenbrot

Für 4 Portionen

	Gemüse der Saison z.B. Staudensellerie, grüne, rote oder gelbe Paprikaschoten, Blumenkohl, Karotten, Fenchel, Süßkartoffeln etc.
100 g	sehr würzige Würzpaste
220 ml	natives Olivenöl

Für die sehr würzige Würzpaste

1	mittelgroße Zucchine
2	kleine Knoblauchzehen, feingehackt
2 EL	gehackte grüne entsteinte Oliven
1 TL	getrocknete Wakame Algen
75 ml	Aceto Balsamico di Modena
75 ml	Wasser
2 EL	natives Olivenöl
2 EL	gehackte glatte Petersilie
10	Knoblauchzehen, geschält
	Chiliflocken (optional)
	Salz

Für die sehr würzige Würzpaste Zucchine waschen, Ansatz und Stiel entfernen, feinhacken und mit den zwei kleinen feingehackten Knoblauchzehen sowie den Oliven in eine kleine Schüssel geben. Algen, Balsamico di Modena, Wasser und Olivenöl hineinrühren und mind. 2 Std. oder über Nacht im Kühlschrank marinieren.
Das Gemüse der Saison waschen, putzen, in nicht zu kleine mundgerechte Stücke schneiden bzw. in Röschen zerteilen, in einem großen Korb oder in Schälchen anrichten und auf den Tisch stellen.
Zum Fertigstellen der Würzpaste die zehn Knoblauchzehen mit den marinierten Zutaten für die Würzpaste sowie der Petersilie in einen Standmixer geben und glattpürieren, dabei langsam das Olivenöl einlaufen lassen. Das Püree mit Salz und Chiliflocken abschmecken, in einen Fonduetopf füllen und sanft auf dem Herd erhitzen, dabei so lange mit einem Holzspatel rühren, bis das Püree flüssig geworden ist.
Den Topf mit dem Rechaud auf den Tisch stellen und bei mittlerer Hitze warmhalten. Das Gemüse auf Fonduegabeln spießen, in die würzige Sauce tauchen und darin al dente garen lassen. Dazu das Olivenbrot von S. 28 oder Ciabatta oder Baguette reichen.

Tipp: Gerade im Frühjahr, wenn das erste Gemüse wieder geerntet werden kann, schmeckt dieses Frühlingsfondue besonders gut.

Orientalisches Fondue mit gefüllten Teigtaschen dazu Safranbrot

Für 4 Portionen

1 Bund Karotten
6 Stangen Lauch
1 Kräutersträußchen (Thymian, Lorbeerblatt, Petersilie)
1 Knoblauchknolle
1 große Zwiebel
2 Gewürznelken
1 Stück getrocknete Bitterorangenschale
1 kleine Zimtstange
1 Messerspitze Paprikapulver
1 EL grobes Salz
1 EL Sichuanpfeffer
8 kleine weiße Rübchen
1/2 Knollensellerie
1 Stange Sellerie
6 Stängel Kerbel
frische vegane Teigtaschen mit Gemüsefüllung (je nach Größe 4–10 pro Person)

Für die Bouillon einen großen Topf mit etwa 3 l Wasser füllen. 1 ganze geschälte Karotte, 1 Stange gewaschenen und geputzten Lauch, das Kräutersträußchen, die halbierte Knoblauchknolle, die mit den Gewürznelken gespickte abgezogene Zwiebel, die Orangenschale, Zimt, Paprika, Salz und den Sichuanpfeffer hinzufügen, und das Ganze etwa 1½ Std. bei sehr geringer Hitze köcheln lassen.
Nach 1½ Std. alle festen Teile mit einem Schaumlöffel aus der Bouillon heben.
Die Bouillon dann ruhen lassen, bis sich evtl. Verunreinigungen am Boden abgesetzt haben. Nun klären Sie die Brühe, indem Sie sie ohne viel Bewegung mit einer Schöpfkelle aus dem Topf holen (damit die Schwebstoffe auf dem Topfboden bleiben) und durch ein Tuch oder feines Sieb passieren.

Während die geklärte Bouillon köchelt, das restliche Gemüse waschen, putzen und vorbereiten: Die Karotten, die weißen Rübchen und den Sellerie in feine Streifen und den Lauch in dünne Ringe schneiden.
Nun das kleingeschnittene Gemüse in der Bouillon in 15–20 Min. bissfest garen.
Zum Schluss die abgezupften Kerbelblättchen hineingeben. Die Bouillon in einen Fonduetopf gießen und mit dem Rechaud in die Mitte des Tisches stellen.
Die Teigtaschen in ein kleines Fonduesieb legen, 3–5 Min. in der Bouillon garen und genießen, dazu ein Schälchen Bouillon sowie das Safranbrot von S. 31 reichen.

Tipp: Dieses winterliche Fondue mit der heißen orientalischen Bouillon genossen, ist nicht nur köstlich, sondern wärmt nachhaltig.

Frittierte Wantan mit Shiitakepilzen dazu süßsaure Sauce & Seealgensalat

Für 4–6 Portionen

100 g Shiitakepilze
1 Knoblauchzehe, feingehackt
4 Frühlingszwiebeln, in dünnen Röllchen
2 EL Sojamehl vermischt mit 3 EL Wasser
1 EL helle Sojasauce
etwa 2 cm frischer Ingwer, gerieben
2 gestrichener TL Maisstärke
einige Tropfen Sesamöl
Salz und schwarzer Pfeffer
30 Wantanblätter
geschmacksneutrales Öl zum Ausbacken (z. B. Erdnuss- oder Rapsöl)
etwa 8 EL chinesische helle Sojasauce
1 Portion süßsaure Sauce (S. 36)

Für den Seealgensalat

30 g helle Sesamsamen
250 g Wakame Algen
3 EL Limettensaft
1 Prise Zucker
1 Prise Chiliflocken nach Geschmack
frisch gemahlener weißer Pfeffer
2 EL Sesamöl

Für die Füllung die Pilze putzen, Stiele entfernen und feinhacken und mit Knoblauch sowie den Frühlingszwiebelröllchen in eine Schüssel geben. Das mit Wasser vermischte Sojamehl, Sojasauce, Ingwer, Knoblauch, Maisstärke und Sesamöl dazugeben, sorgfältig vermengen und mit Salz und Pfeffer abschmecken.
Die Wantanblätter auf der Arbeitsfläche ausbreiten und etwas von der Füllung in die Mitte setzen. Die Ränder mit Wasser bepinseln, und den Teig sorgfältig über der Füllung verschließen. Die Wantan bis zum Servieren mit einem feuchten Geschirrtuch abdecken.
Für den Seealgensalat die Sesamsamen in einer heißen Pfanne ohne Fett hellbraun rösten, bis es duftet. Sofort auf einen kalten Teller kippen und abkühlen lassen.
Die Algen waschen und abtropfen lassen. In eine Schale geben und mit dem Limettensaft, Zucker und Pfeffer würzen. Die Sesamsamen und das Sesamöl untermischen und abschmecken.
Das Öl im Fonduetopf auf dem Herd erhitzen und auf dem Rechaud in die Mitte des Tisches stellen. Die Flamme relativ hoch einstellen, damit das Öl heiß bleibt. Es sollte allerdings nicht kochend heiß sein, damit es nicht spritzt, wenn man die Teigtäschchen hineintaucht.
Verteilen Sie die Sojasauce und die süßsaure Sauce jeweils auf vier Schälchen.
Verteilen Sie den Seealgensalat ebenfalls auf vier Salatschalen.
Die Teigtäschchen im heißen Fett goldbraun ausbacken und mit einem kleinen Fonduesieb herausheben, in Sauce tunken und zum Seealgensalat genießen.

Tipp: Seealgensalat hört sich vielleicht sehr exotisch an, aber – nur zu – probieren Sie ihn. Er schmeckt sehr gut nach frischer See und Ferien.

Gemüse-Tempura mit Soja- & Ingwersauce

Für 4 Portionen

Für die Panade

- **200 g** Weizenmehl
- **370 ml** sehr kaltes Sprudelwasser
- **1/2 TL** Salz
- **1 Prise** Zucker
- **1/2 TL** Backpulver
- **3 TL** Rapsöl

Für die Saucen

- **5 EL** japanische Sojasauce mit 1 haselgroßen Klecks Wasabi verrührt
- **1** Portion Ingwersauce (S. 35)

Für das Gemüse

- **6** junge Karotten
- **1** schöner kleiner Brokkoli
- **250 g** Cocktailtomaten
- **200 g** grüne Bohnen
- **200 g** Zuckerschoten
- **200 g** kleine Champignons
- **1** kleine rote Paprikaschote o.
- **100 g** Süßkartoffelstückchen
- geschmacksneutrales Öl zum Ausbacken (z. B. Erdnuss- oder Rapsöl)

Für die Panade die Zutaten in einer Schüssel mit einem Schneebesen mixen, aber nicht zu lange schlagen, damit die Kohlensäure des Sprudelwassers nicht zu stark verloren geht, denn die macht den Teig locker. Die Panade für etwa 20 Min. in den Kühlschrank stellen.

Das Gemüse waschen und putzen. Die Karotten und die Paprikaschote in Stifte schneiden, den Brokkoli in Röschen zerteilen, Süßkartoffel in kleine mundgerechte Stücke schneiden, und das Gemüse auf einer großen Platte dekorativ anrichten.

Die Panade auf vier Schälchen verteilen.

Die beiden Saucen ebenfalls auf je vier Schälchen verteilen.

Das Öl im Fonduetopf auf dem Herd erhitzen, und den Topf mit dem Rechaud in die Mitte des Tisches stellen. Das Gemüse auf die Fonduegabel spießen, in den Teig tauchen und anschließend im heißen Öl goldbraun und knusprig frittieren.

Nach Belieben in die Saucen tunken und genießen. Ein köstliches Sommerfondue.

Tipp: Hierzu passt am besten ein ganz einfacher grüner Salat angemacht mit Salz, Pfeffer, Zitronensaft und einem leichten spritzigen grünen Olivenöl.

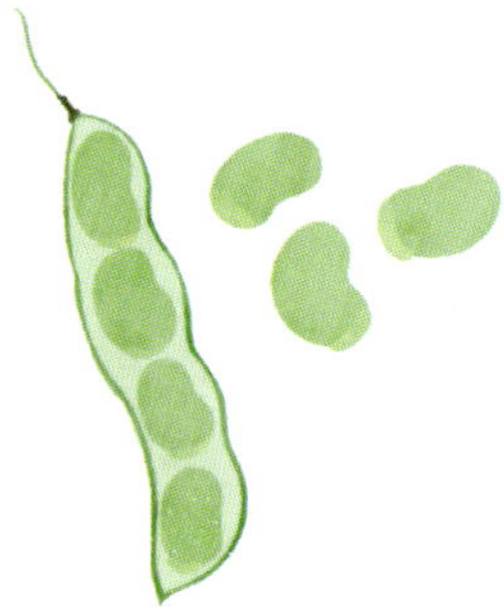

Fondue chinoise mit Steinpilz-Wantan dazu Kräutermaisbrot

Für 4 Portionen

2	Schalotten, feingehackt
60 ml	natives Olivenöl
400 g	Steinpilze
200 g	Sojacreme o. Hafersahne
	Salz und schwarzer Pfeffer
1	Packung Wantanblätter
1 l	gute Gemüsebrühe (S. 35)
	einige Schnittlauchstängel
1	Kräutermaisbrot (S. 27)

Für die Wantanfüllung das Olivenöl in einer Pfanne erhitzen, und die Schalotten bei geringer Hitze zugedeckt andünsten, bis sie weich sind, ohne dass sie Farbe nehmen; mit einem Sieb aus der Pfanne heben, abtropfen lassen und beiseitestellen.
Die Steinpilze mit einem Tuch oder einer kleinen Bürste putzen (am besten nicht waschen), sehr feinschneiden und bei starker Hitze in der Pfanne in dem Schalotten-Olivenöl scharf anbraten; es darf kein Wasser austreten.
Die Hitze reduzieren, die Schalotten sowie die Sojacreme hinzufügen, mit Salz und Pfeffer abschmecken, noch einmal kurz aufkochen lassen, und die Pfanne vom Herd nehmen.
Die Wantanblätter ausbreiten (rechnen Sie mind. 5 Wantan pro Person). In die Mitte jeweils 1 TL Steinpilzmasse setzen. Die Ränder mit Wasser bepinseln, und den Teig sorgfältig über der Füllung verschließen. Die Wantan bis zum Servieren mit einem feuchten Geschirrtuch abdecken.

Die Brühe in einen Fonduetopf gießen und einmal aufkochen lassen, dann mit dem Rechaud in die Mitte des Tisches stellen. Die Wantan in einem Fonduesieb in der Brühe garen. Bouillon in Suppentassen füllen, mit Schnittlauchröllchen bestreuen und zu den Wantan servieren.

Tipp: Weiterhin passt der geschmorte Romanasalat von S. 61 gut zu den mit Steinpilzen gefüllten Wantan.

Steinpilz-Tempura mit Petersilien-Veganaise

Für 4 Portionen

- **500 g** kleine Steinpilze
- **100 g** Weizenmehl, gesiebt
- **4 EL** grober Maisgries (Polenta)
- **150 ml** kaltes Sprudelwasser
- **1 EL** natives Olivenöl
- **1/4 TL** Paprikapulver
- **1** kräftige Prise Salz und schwarzer Pfeffer
- geschmacksneutrales Öl zum Ausbacken (z. B. Erdnuss- oder Rapsöl)
- **1** Portion Petersilien- oder klassische Veganaise (S. 37)

Die Steinpilze putzen.
Das Mehl mit dem Maisgries mischen, mit 150 ml kaltem Sprudelwasser und dem Olivenöl verrühren, mit Paprikapulver, Salz und Pfeffer würzen, und den Teig noch einmal gut mit dem Schneebesen oder einem Spatel durchrühren.
Das Öl im Fonduetopf auf dem Herd erhitzen, und den Topf mit dem Rechaud in die Mitte des Tisches stellen. Die Flamme relativ hoch einstellen, damit das Öl heiß bleibt. Es sollte allerdings nicht kochend heiß sein, damit es nicht spritzt, wenn man die Stücke hineintaucht.
Verteilen Sie die Veganaise auf vier Schälchen.
Die Panade ebenfalls auf vier Schälchen verteilen.
Die Steinpilze zunächst in den Teig tauchen und anschließend im heißen Öl goldgelb garen. Nach Belieben in die Petersilien-Veganaise tunken.

Tipp: Dazu passt der reichhaltige Herbstliche Blattsalat von S. 62.

Die asiatischen Rezepte

Masoor Dal – Indische Rote Linsen

Für 4 Portionen

125 g rote Linsen
1 mittelgroße Tomate gehackt
70 g Karotten, in mundgerechten Stücken
70 g Kartoffeln, in mundgerechten Stücken
1,2 l Wasser oder mehr
2 EL Öl
1 Knoblauchzehe, feingehackt
1 Schalotte, feingehackt
2 cm Ingwer, feingehackt
1 TL braune Senfsamen
2 TL Kreuzkümmelpulver
1 TL Korianderpulver
3/4 TL Kurkuma
1/2 TL rote Chiliflocken
Salz
1/4 TL Zimtpulver

1	Lorbeerblatt
3/4 TL	Salz
1 EL	Zitronensaft
	frisches Koriandergrün oder getrocknete Bockshornkleeblätter zum Garnieren
120 ml	Sojacreme o. Hafersahne (optional)
1 EL	vegane Margarine (optional)

Linsen spülen und abgießen. In einem großen Topf 1 l Wasser zum Kochen bringen. Linsen, gehackte Tomate, Karotten und Kartoffeln hinzufügen. Hitze reduzieren und 15–25 Min. zugedeckt köcheln, bis die Linsen weich sind.
In einer kleinen Pfanne 2 EL Öl auf mittlerer Flamme erhitzen. Senfsamen hineingeben. Nach deren Aufplatzen (nach 20–30 Sek.) Knoblauch, Zwiebel, Ingwer, gemahlenen Koriander, Kreuzkümmel und Chiliflocken zugeben. 3 Min. unter ständigem Rühren weiterbraten.
Die angebratenen Gewürze sowie das Lorbeerblatt, Kurkuma und Zimt zu den Linsen geben und 10 Min. sanft köcheln lassen, dabei gelegentlich umrühren. Mit Salz abschmecken und je nach gewünschter Konsistenz Wasser hinzufügen.
Zimtstange und Lorbeerblatt herausnehmen und noch einmal mit Salz abschmecken. Zitronensaft unterrühren. Mit Koriander- oder Bockshornkleeblättern garnieren und servieren.

Tipp: Dieses traditionelle gesamtindische Gericht kann mit Basmatireis oder Naan-Brot S. 32 serviert werden.

Gurken-Raita

Für 4 Portionen

1	kleine Salatgurke
300 g	Sojajoghurt
1/2 TL	Kreuzkümmel
1/2 TL	Korianderpulver
	Salz
	einige Spritzer Limettensaft
	einige Minzblättchen

Salatgurke schälen, grobraspeln und in eine Schüssel geben. Kreuzkümmel, Koriander sowie Sojajoghurt hinzufügen und gut verrühren. Mit Salz abschmecken und mind. 1 Std. im Kühlschrank auskühlen lassen.
Aus dem Kühlschrank holen, mit Limettensaft und Salz noch einmal abschmecken. Mit den Minzblättchen bestreuen und sofort servieren.

Tipp: Ein erfrischendes Sommergericht, das ausgezeichnet zum Naan-Brot von S. 32 passt.

Samosas – Indische gefüllte Teigtaschen mit Feigen-Trauben-Chutney

Ergibt 16 Samosas

Für den Teig

200 g	Mehl (Type 550)
40 g	Mehl (Type 1050)
5 EL	Öl
1 TL	Salz
80 ml	Wasser

Für die Füllung

400 g	Kartoffeln, in kleinen Würfeln
80 g	Erbsen (TK oder frisch)
1	kleine Karotte, feingewürfelt
1	kleine Zwiebel, feingewürfelt
1 EL	Currypulver
1/4 TL	Tellicherry Pfeffer
1 TL	Koriander gemahlen
1/2 TL	Kurkuma
1/4 TL	Kreuzkümmel
1/4 TL	Paprikapulver
3 EL	Kokosmilch
	Öl zum Frittieren
	Salz
1 Portion	Feigen-Trauben-Chutney (S. 34)

Das Mehl mit dem Öl zu einem krümeligen Teig vermengen. Dann das Wasser zugeben und mit bemehlten Händen kneten, bis ein elastischer Teig entstanden ist, zu einer Kugel formen, mit einem Geschirrtuch abdecken und 30 Min. ruhen lassen.

Für die Füllung die Kartoffelwürfel in etwas Salzwasser garkochen. Die Erbsen blanchieren und abschrecken. Zwiebel und Karotte in kleine Würfel schneiden. In einer großen Pfanne Zwiebelwürfel bei mittlerer Hitze in etwas Wasser glasig anbraten. Karottenwürfel dazugeben und etwa 2 Min. bei mittlerer Hitze mitbraten. Die Gewürze zugeben. Die gekochten Kartoffeln und Erbsen hinzufügen, kurz mitbraten und das Ganze mit Kokosmilch ablöschen. Beiseitestellen.

Den Teig in 8 Portionen teilen und jeweils kreisrund (Ø etwa 15 cm) und dünn ausrollen. Halbieren und auf jede Hälfte etwa 2 TL Füllung geben. Die Ränder befeuchten, übereinanderschlagen und festdrücken. Die Samosas sollten jetzt dreieckig sein. So verfahren, bis 16 kleine Samosas entstanden sind.

In einem weiten Topf das Pflanzenöl erhitzen und nach und nach die fertigen Samosas darin frittieren. Achtung: Das Öl soll zwar heiß sein. Allerdings muss die Hitze reduziert werden, sobald die Samosas hineingegeben werden. Ansonsten wirft der Teig Bläschen. Das Frittieren dauert etwa drei Min. pro Seite.

Die Samosas mit einer Schaumkelle aus dem Topf heben und auf Küchenpapier abtropfen lassen.

Tipp: Samosas sind dreieckige, mit diversen Gemüse gefüllte Teigtaschen. Sie gelten als Klassiker der südasiatischen Küche. Dabei handelte es sich ursprünglich um ein Resteessen, denn bereits gegarte Speisen, wie Gemüsecurrys etc., wurden in Teigtaschen gefüllt und frittiert. Samosas können auch im Backofen bei 180 °C in etwa 25 Min. gegart werden. Sie sollten dann jedoch mit Soja- o. Hafermilch bestrichen werden, damit sie nicht austrocknen.

Dum Aloo – Indisches Tomaten-Kartoffel-Curry

Für 4 Portionen

160 g Tomaten, gehackt
1 kleine rote Zwiebel, gehackt
2 Knoblauchzehen, feingehackt
2 cm frischer Ingwer, feingehackt
40 g Cashewkerne
360 ml Wasser
2 EL Öl
1 TL Koriander, gemahlen
1 TL Kreuzkümmel, gemahlen
1/2 TL Garam Masala
450 g Kartoffeln, geschält, grobgewürfelt
1/2 TL Kurkuma, gemahlen
1 EL Zitronensaft
1 EL Tomatenmark
1 Tasse Soja- oder Kokosmilch
2 EL Kichererbsenmehl
1 EL Rohrzucker oder Agavensirup
1 TL Salz
1 EL frisches Koriandergrün, gehackt

Cashewkerne 30 Min. in einer kleinen Tasse Wasser einweichen.
Gehackte Tomaten, Zwiebel, Knoblauch, Ingwer und Cashewkerne mit dem Einweichwasser in der Küchenmaschine glatt pürieren.
In einem großen Topf Öl bei mittlerer Hitze heiß werden lassen.
Gemahlenen Koriander, Kreuzkümmel und Garam Masala hineingeben und 1 Min. anbraten.
Kartoffelwürfel und Kurkuma hinzufügen und 6–7 Min. unter Rühren anbraten.
Zitronensaft und Tomatenmark einrühren und bei mittlerer Hitze weitere 2–3 Min. köcheln.
Das Chashwpüree unterrühren und weitere 6–7 Min. kochen, bis die Kartoffeln weich sind und die Soße eingedickt ist.
1 Tasse Sojamilch, Kichererbsenmehl, Zucker und Salz hinzufügen und gut verrühren. 5 Min. abgedeckt bei geringer Hitze weiterköcheln lassen.
Mit gehackten Koriandergrün garnieren.

Tipp: Dieses sehr leckere nordindische Curry kann mit Basmati-Reis oder Naan-Brot von S. 32 serviert werden.

Knuspriges Tofu-Satay mit Thai-Erdnusssauce

Für 4 Portionen

2 Blöcke (je 220 g) fester Tofu

Für die Marinade

4 EL helle Sojasauce
1 EL Erdnussbutter, mit Wasser cremig verrührt
1 EL Rohr- oder Palmzucker
1 TL Thai-Basilikum, feingehackt
1 kleine Knoblauchzehe, gepresst
1/2 Bund Koriandergrün als Garnitur
1 Limette in Schnitzen als Garnitur
1 Handvoll grobgehackte Erdnüsse als Garnitur

Für die Thai-Erdnusssauce

1/2 kleine rote Zwiebel, sehr feingehackt
1 kleine Knoblauchzehe, mit Salz zerdrückt
1 TL Sesamöl
1 TL rote thailändische Curry-Paste
1 EL helle Sojasauce
1 TL Tamarindenpaste
2 EL Rohr- oder Palmzucker
120 ml Kokosmilch
80 g Erdnussbutter
Saft von 1/2 Limette

Tofu auspressen, dazu in ein Geschirrtuch wickeln und 20–30 Min. mit einem Gewicht beschweren, um überschüssige Flüssigkeit zu herauszupressen.
Alle Marinadenzutaten in eine Schüssel geben und gründlich mit einem Schneebesen vermengen.
Wenn der Tofu ausgepresst ist, jeden Block der Länge nach in 5–6 Streifen schneiden und diese wiederum quer in etwa 1 cm dicke Streifen schneiden und in die Marinade geben. Die Streifen müssen von allen Seiten mit der Marinade benetzt sein und mind. 20 Min. darin ziehen.
Den Backofen auf 220 °C vorheizen.
Die marinierten Tofustreifen vorsichtig auf ein mit Backpapier ausgelegtes kaltes Backblech legen und in den Backofen geben. Nach etwa 15 Min. wenden und weitere 10 Min. backen.
Währenddessen die Erdnusssauce zubereiten, dazu Zwiebel, Knoblauch, Sesamöl und rote Currypaste in einem Topf bei mittlerer Hitze köcheln lassen, bis die Zwiebel weich ist. Sojasauce, Tamarindenpaste, braunen Zucker und Kokosmilch dazugeben und gut verrühren. Zum Schluss die Erdnussbutter dazugeben und glattrühren. Die Sauce soll ziemlich dickflüssig sein. Beiseitestellen.
Die Tofustreifen aus dem Ofen holen, einige Min. abkühlen lassen und auf Satayspieße stecken.
Die Erdnusssauce in eine weite Schale geben, den Limettensaft unterrühren und mit frischem Koriander, Limettenschnitzen und zerstoßenen Erdnüssen zu den Spießen servieren.

Tipp: Dazu passt sehr gut der thailändische Gurkensalat von S. 108.

Papayasalat mit geröstetem Tofu

Für 4 Portionen

200 g fester Tofu
1 Knoblauchzehe, geschält
1/2 TL Salz
1 1/2 EL Palmzucker
2–4 Vogelaugenchilis, entkernt, grobgehackt
3 EL frisch geröstete Erdnüsse
1 Spargelbohne, in 1 cm langen Stücken
1 große Tomate, entkernt und grobgehackt
175 g grüne Papaya, in feinen Streifen
1 1/2 EL helle Sojasauce
2 EL Limettensaft
4–5 Weißkohlblätter
2 TL Maisstärke
einge Spritzer helle Sojasauce

Tofu auspressen, dazu in ein Geschirrtuch wickeln und 20–30 Min. mit einem Gewicht beschweren, um überschüssige Flüssigkeit zu herauszupressen.

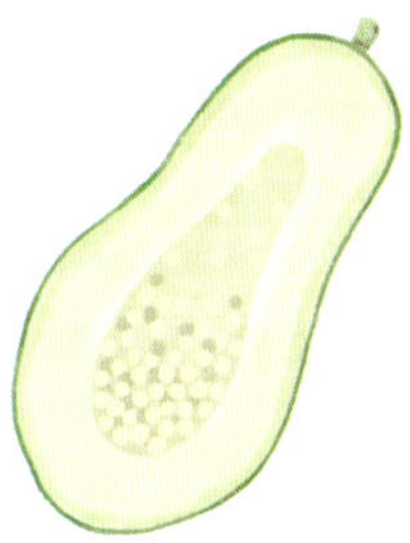

Währenddessen Knoblauch, Salz, Palmzucker und Vogelaugenchilis in einem sehr großen Mörser oder einer dickwandigen Schüssel mit einem Stößel zu einer Paste zerreiben. Erdnüsse dazugeben und grob zerstoßen. Dann Spargelbohnen- und Tomatenstücke zugeben und ebenfalls grob zerstoßen. Zuletzt die Papayastreifen zugeben und leicht anstoßen, die Fasern sollen aufbrechen, aber nicht matschig werden.
Mit Sojasauce, Limettensaft und Palmzucker kräftig abschmecken.
Den Tofu in Würfel schneiden, in der Maisstärke wälzen, in einer Pfanne in Öl knusprig anbraten und mit einigen Spritzern heller Sojasauce würzen.
Den Salat auf Weißkohlblättern anrichten dazu den gerösteten Tofu und heißen Reis reichen.

Tipp: Die Spargelbohne ist eine in ganz Südostasien sehr beliebte Bohnenart, die auch in Deutschland – unter dem Namen Meterbohne – angebaut wird. Sie kann gut durch junge grüne Bohnen ersetzt werden.

Thailändischer Gurkensalat

Für 4 Portionen

1 große Salatgurke
1/2 TL Rohr- oder Palmzucker
1 Prise Salz
3 EL Limettensaft
1–2 rote Chilischoten, entkernt, sehr feingehackt
3 EL Koriandergrün, gezupft, feingehackt

Die Gurke schälen und längs halbieren. Mit einem Löffel die Kerne entfernen und beide Hälften in dünne Scheiben schneiden.
Den Palmzucker und das Salz im Limettensaft auflösen, Chilischote mit dem Koriandergrün dazugeben und verrühren. Über die Gurken geben und servieren.

Thailändisches rotes Curry mit Kürbis

Für 4 Portionen

2 Dosen Kokosmilch (à 400 ml)
4 EL rote Currypaste
400 g Hokkaidokürbis, in Würfeln
100 g grüne Bohnen, geputzt, in mundgerechten Stücken
1 1/2 TL Salz
4 EL helle Sojasauce
2 EL Palmzucker
1000 g Sojasprossen
1/2 Bund Thai-Basilikum, gezupft

Die Dosen Kokosmilch öffnen und die Kokoscreme abschöpfen, in einen Topf geben und bei mittlerer Hitze unter Rühren zum Simmern bringen. Currypaste zugeben und unter Rühren anbraten, bis sich rötliches Öl abscheidet.
Kürbiswürfel zugeben und etwa 15 Min. simmern lassen, immer wieder umrühren, damit nichts anbrennt.
Mit der restlichen Kokosmilch aufgießen und einmal aufkochen lassen. Grüne Bohnen zugeben und etwa 5 Min. weitersimmern lassen, bis die Bohnen gar, aber noch knackig sind.
Mit Salz, heller Sojasauce und Palmzucker kräftig abschmecken.
Sojasprossen zugeben und kurz heiß werden lassen.
Vom Herd nehmen, Thaibasilikum unterheben und mit Reis servieren.

Tipp: Thailändische rote Currypaste gibt es in jedem Asialaden.

Tom Kha – Thailändische Kokossuppe

Für 4 Portionen

6 Stängel Zitronengras
2 kleine rote Vogelaugenchilis
60 g frische Galgantwurzel (o. 2 EL getrocknet)
etwa 200 g Gemüse (Karotte, Zucchine, Tomate)
etwa 200 g Pilze (Champignos, Austernpilze)
etwa 300 g fester Tofu
1,2 l gute Gemüsebrühe
800 ml Kokosmilch (2 Dosen)
8 Kaffirlimettenblätter (o. 6 getrocknete)
3 Knoblauchzehen, geschält
2 EL Palmzucker
1–2 EL helle Sojasauce
2 EL Limettensaft
ein Stängel Koriandergrün
Salz

Zitronengras vom äußeren harten Blatt befreien, und mit dem Messerrücken klopfen, damit die Fasern aufbrechen. Ebenso die Chilischoten klopfen.
Die Galgantwurzel schälen und in 6 Scheiben schneiden.
Gemüse und Pilze putzen und feinschneiden, Tofu in mundgerechte Stücke schneiden.
Die Gemüsebrühe mit der Kokosmilch, Zitronengras, Chilischoten, Galgant, Kaffirlimettenblättern, Knoblauch, etwas Salz einmal aufkochen lassen und etwa 10 Min. sanft köcheln lassen, bis die Suppe appetitlich duftet.
Gemüse und Pilze dazugeben und köcheln lassen, bis alles gar ist.
Vom Herd ziehen und mit Sojasauce, Limettensaft, Salz und Palmzucker kräftig abschmecken. Die Suppe sollte jetzt säuerlich, salzig, und scharf schmecken.
Mit Koriandergrün bestreut servieren.

Tipp: Viele der Zutaten in einer Tom Kha sind nur Geschmacksträger und werden nicht mitgegessen, etwa grobgeschnittenes Zitronengras, angedrückte Chilischoten, dick geschnittene Galgant-Scheiben oder Limettenblätter.

Mildes Massaman-Curry mit Basmatireis

Für 4 Portionen

220 g fester Tofu
2 TL Massaman-Currypaste (gekauft)
etwas Erdnussöl zum Braten
2 Dosen (je 400 ml) Kokosmilch
2 TL helle Sojasauce
etwa 500 g Süßkartoffeln, geschält, in 2 cm großen Würfeln
etwa 300 g Brokkoliröschen
etwa 220 g braune Champignons, geputzt, in Scheiben
80 g Erdnussbutter
1 TL Rohr- oder Palmzucker
Salz
1 TL Sesamöl
1 Handvoll gehackte Erdnüsse
1 Limette in Schnitzen
1 Handvoll Koriandergrün, grobgehackt

Tofu auspressen, dazu in ein Geschirrtuch wickeln und 20–30 Min. mit einem Gewicht beschweren, um überschüssige Flüssigkeit zu herauszupressen.

Den Tofu dann in mundgerechte Würfel schneiden.
Öl in die Pfanne geben, und den Tofu so lange bei mittlerer Hitze braten, bis er von allen Seiten leicht gebräunt ist. Beiseitestellen.
Die Massaman-Currypaste mit etwas Kokosmilch in einen Topf geben, beides bei mittlerer Hitze gut miteinander vermengen, erst dann die restliche Kokosmilch mit der Sojasauce hineinrühren. Die Süßkartoffelwürfel hinzufügen und 5–10 Min. köcheln lassen, bis die Würfel etwas weich geworden sind.
Die Champignonscheiben hinzufügen und etwa 5 Min. weiterköcheln lassen, dann die kleinen Brokkoliröschen hineingeben und weitere 5 Min. köcheln lassen, die Röschen sollen noch bissfest sein.
Erdnussbutter und Rohr- oder Palmzucker unterrühren.
Zum Schluss den gebratenen Tofu unterheben und mit Salz und Pfeffer abschmecken.
Mit Reis, zerstoßenen Erdnüssen, Limettenschnitzen und Koriandergrün servieren.

Tipp: Massaman-Currypaste gibt es in jedem Asialaden zu kaufen.

Pad Thai – Reisnudeln mit Tofu & Gemüse

Für 4 Portionen

Für das Pad Thai

200 g dünne Reisnudeln
250 g fester Tofu
3 TL Maisstärke
180 g Brokkoli, in Röschen
2 mittelgroße Karotten geschält, in dünnen Scheiben
100 g Babymais, feingehackt
4 EL Öl
3 Knoblauchzehen, feingehackt
1 große Schalotte oder
3 Frühlingszwiebeln, feingehackt
3 cm frischer Ingwer, feingehackt
1 1/2 rote Chilischote, feingehackt (optional)
1 Handvoll Sojabohnensprossen
1 kleine Handvoll geröstete Erdnüsse, grobgehackt
frisches Koriandergrün, grobgehackt
Limettenschnitze

Für die Sauce

1 EL Tamarindenpaste
2 EL Rohrzucker oder Agavensirup
3 EL Sojasauce
3 EL Kokosmilch
4 EL Zitronensaft

Reisnudeln gemäß Packungsangabe einweichen; sie sollten bissfest bleiben. Durch ein Sieb abgießen, mit kaltem Wasser spülen und abtropfen lassen.

Tofu auspressen, dazu in ein Geschirrtuch wickeln und 20–30 Min. mit einem Gewicht beschweren, um überschüssige Flüssigkeit herauszupressen. In Würfel schneiden, in der Maisstärke wälzen und in einer Pfanne in Öl knusprig anbraten. Beiseitestellen.

Alle Saucenzutaten in einer Schüssel gründlich vermengen.

In einem großen Topf oder Wok Öl bei mittlerer Hitze heiß werden lassen. Knoblauch, Schalotte, Ingwer und Chilischote hineingeben und 2–3 Min. anbraten.

Brokkoli, Karotten und Babymais hinzufügen. Unter regelmäßigem Rühren 7 Min. weiterbraten.

Nudeln abgießen und zum Gemüse in den großen Topf geben. Gut verrühren.

Die Sauce hineingeben und unterrühren.

Tofu und Sojabohnensprossen hineingeben und weitere 5 Min. unter Rühren garen. Vom Herd nehmen, abdecken und 5 Min. ruhen lassen.

Auf Tellern anrichten, mit Erdnüssen, Koriandergrün sowie Limettenschnitzen garnieren und servieren.

Tipp: Pad Thai gehört zu den Nationalgerichten Thailands, es gibt unzählige Varianten und wird überall an den Straßenständen angeboten.

Thailändisches gelbes Curry mit Tofubällchen & Wurzelgemüse

Für 4 Portionen

Für die Tofubällchen

250 g frischer Tofu
40 g getrocknete chinesische Morcheln
50 g Karotten, feingeraspelt
1 TL Currypulver
1 TL Rohrzucker
1 TL Salz
1 1/2 EL Reismehl
Semmelbrösel zum Panieren
Öl zum Frittieren

Für das Gemüse

1 Dose Kokosmilch (400 ml)
250 g gemischtes Wurzelgemüse (Karotte, Kürbis, Süßkartoffel, Pastinake, Kartoffel)
1 EL Palmzucker
1 EL gelbe Currypaste
1 TL Salz
3 kleine Tomaten, geviertelt
1 kleine Zwiebel, geviertelt

Für die Bällchen den Tofu in eine Schüssel geben und zerbröseln. Die Morcheln etwa 15 Min. in heißem Wasser einweichen, ausdrücken, in dünne Streifen schneiden, mit der Karotte unter den Tofu mischen und gut durchkneten. Mit Zucker, Salz und Currypulver würzen und etwa 15 Min. im Kühlschrank ruhen lassen.

Für das Gemüse die Dose Kokosmilch öffnen und die Kokoscreme abschöpfen, in einen Topf geben und bei mittlerer Hitze unter Rühren zum Simmern bringen. Currypaste zugeben und unter Rühren anbraten, bis sich orange-rotes Öl abscheidet. Mit Palmzucker und Salz würzen.

Das Wurzelgemüse sowie die restliche Kokosmilch zugeben und 5–10 Min. simmern lassen. Tomaten und Zwiebel hinzufügen und so lange simmern lassen, bis das Wurzelgemüse gar ist. Mit Salz und Palmzucker abschmecken. Vom Herd nehmen.

Das Reismehl zum Tofu geben und erneut durchkneten. Mit der Hand kleine feste eiförmige Nocken rollen und in Semmelbröseln wenden.

Eine Pfanne mit reichlich Öl bei mittlerer Hitze heiß werden lassen und die Tofubällchen von allen Seiten goldbraun frittieren. Aus dem Fett nehmen, abtropfen lassen und zusammen mit dem Curry und Reis servieren.

Tipp: Dazu den thailändischen Gurkensalat von S. 108 reichen. Thailändische gelbe Currypaste gibt es in jedem Asialaden.

Vietnamesischer Gurkensalat

Für 4 Portionen

2 Salatgurken
6 EL Reisessig
2 EL Palmzucker
Saft von 1 kleinen Limette
1/2 TL Salz
1 Handvoll ungesalzene Erdnüsse
2 EL Sesamsamen
1 Frühlingszwiebel
2 kleine rote Vogelaugenchilis
2 kleine Knoblauchzehen, feingewürfelt
2 EL gehackte Minze u. Koriandergrün

Gurken waschen, schälen, der Länge nach halbieren, entkernen, in 1 cm breite Stücke schneiden und auf einer Servierplatte anrichten.
Reisessig, Palmzucker, Limettensaft und Salz kräftig miteinander verrühren, bis sich Zucker und Salz aufgelöst haben, über die Gurkenscheiben gießen.
Die Erdnüsse bei mittlerer Hitze anbraten, nach etwa 3 Min. Sesamsamen dazugeben und weitere 2 Min. rösten, dabei ständig rühren. Beiseitestellen.
Frühlingszwiebeln und Chilis in dünne Ringe schneiden, mit den Knoblauchwürfeln und den Gurken vermengen, mit Minze, Koriandergrün und der Erdnuss-Sesam-Mischung bestreuen und servieren.

Vietnamesische Sommerrollen mit Ingwer-Erdnuss-Sauce

Für 6 Sommerrollen

100 g Glasnudeln
200 g fester Tofu oder Räuchertofu
einige Spritzer helle Sojysauce
1 EL geschmackneutrales Öl
6 runde Reispapierblätter
1 schöne lange Karotte, geschält, der Länge nach in dünnen Streifen
1/2 Salatgurke, geschält, der Länge nach in dünnen Streifen
1 kleine Handvoll frisches Koriandergrün, grobgehackt
1 kleine Handvoll Minzblättchen, feingehackt

Für die Ingwer-Erdnuss-Sauce
2 TL frischer feingehackter Ingwer
4 EL crunchy Erdnussbutter
1 kleine Handvoll gehackte Erdnüsse
2 EL helle Sojasauce
2 EL Limettensaft oder 2 TL Reisessig
1 1/2 EL TL Rohrzucker
1/2 TL Chiliflocken (nach Geschmack)
3–5 EL warmes Wasser oder mehr

Glasnudeln nach Packungsanleitung einweichen.
Tofu auspressen, dazu in ein Geschirrtuch wickeln und 20–30 Min. mit einem Gewicht beschweren, um überschüssige Flüssigkeit herauszupressen.
Tofu in dünne Streifen schneiden, das Öl bei mittlerer Hitze heiß werden lassen. Tofustreifen 4–5 Min. von goldbraun und knusprig braten und mit heller Sojaauce würzen.
In einer großen flachen Schüssel die Reispapierblätter etwa 5 Sek. einweichen und dann auf ein Schneidebrett legen.
Glasnudeln, Karotte, Gurke und Tofu in 6 Portionen aufteilen. Ebenso das Koriandergrün und die Minzblättchen.
Jedes Reispapierblatt mit den verschiedenen Zutaten belegen und mit Koriander- und Minzblättern bestreuen.
Die Ränder des Reispapiers rechts und links einschlagen, und straff von unten nach oben aufrollen. Lose Enden zusammendrücken. Auf einer schönen Servierplatte anrichten.
Alle Saucenzutaten in einer Schüssel gut verrühren. Es dauert erst einen Moment, bevor sich die Erdnussbutter mit dem Wasser verbindet, einfach weiterrühren.
Die Sauce in ein schönes Schüsselchen geben, mit gehackten Erdnüssen garnieren und mit den Sommerrollen servieren.

Chaesojapchae – Koreanischer Glasnudelsalat

Für 4 Portionen

200 g dünne Glasnudeln
1 mittelgroße Gemüsezwiebel
2 große Karotten
1 mittelgroße Stange Lauch
1 gelbe Paprikaschote
1 rote Paprikaschote
2 EL Sesamsamen
50 ml dunkle koreanische Sojasauce (Jinganjang)
1 EL Sesamöl
5 cm frische Ingwerwurzel
2 Knoblauchzehen
schwarzer Pfeffer
Petersilie oder Kresse zum Garnieren
Öl zum Braten

Reisnudeln gemäß Packungsangabe einweichen; sie sollten bissfest bleiben. Durch ein Sieb abgießen, mit kaltem Wasser spülen und abtropfen lassen.
Das Gemüse putzen und waschen.
Die Zwiebel halbieren und in dünne Streifen schneiden. Die Karotten in sehr feine Streifen schneiden.
Den Lauch in Abschnitte von etwa 6 cm Länge zerteilen und jeden Abschnitt der Länge nach in feine Streifen schneiden.
Die Paprikaschoten vierteln, entkernen und in feine Streifen schneiden.
Die einzelnen Gemüse separat in wenig Öl bissfest braten; dabei mit den hellen Gemüsesorten beginnen.
Das gebratene Gemüse in eine große Schüssel schichten.
Die Sesamsamen ohne Fett in einer Pfanne rösten, bis sie duften.
Die Glasnudeln in etwa 10 cm lange Stücke schneiden. Achtung: Die kleben nicht mehr zusammen, sobald Sie sie mit dem Gemüse vermengt werden.
Glasnudeln, Sojasauce, Sesamsamen, Sesamöl, den feingeriebenen Ingwer und den zerdrückten Knoblauch mit dem Gemüse gut vermengen und mit ein wenig Pfeffer würzen.
Den lauwarmen Salat auf einer Platte anrichten, nach Belieben mit Kresse oder Petersilie bestreuen und servieren.

Doenjang-jjigae – Koreanische Gemüsesuppe

Für 4 Portionen

- **1/2** Chinakohl, in feinen Streifen
- **2** Handvoll grüne Bohnen, geputzt, in mundgerechten Stücken geschnitten
- **4** mittelgroße Kartoffeln, gewürfelt
- **1** Zwiebel, feingehackt
- **3** Knoblauchzehen, feingehackt
- **1** grüne Chili geschnitten (optional)
- **6 EL** Sojabohnenpaste (Doenjang)
- **2 EL** getrocknete Algen, in feinen Streifen
- **2 TL** koreanisches Chiliflocken (Gochugaru)
- **1 l** Pilzfond
- **5 EL** koreanische dunkle Sojasauce

Alle festen Zutaten, also Chinakohl, Kartoffeln, Bohnen, Knoblauch, Zwiebeln, grüne Chili und Algen im Pilzfond einmal aufkochen lassen. Sojabohnenpaste, Chiliflocken und Sojasauce hinzugeben, gut verrühren und zugedeckt etwa 10 Min. köcheln lassen, bis das Gemüse die gewünschte Konsistenz hat.

Tipp: Doenjang-jjigae gilt als eines der beliebtesten koreanischen Gerichte. Diese sehr einfache und schnell zubereitete Suppe mit Sojabohnenpaste und reichlich Gemüse wird oft zusätzlich mit etwas Reis serviert.

Die Desserts

Ananas in Safransirup

Für 4 Portionen

- **1** kleine Ananas
- **1 TL** Koriandersamen
- **100 ml** Wasser
- **100 g** Agavendicksaft
- **1 TL** Kurkumapulver
- **1–2 EL** abgeriebene Zitronenschale
- Saft von 1 Zitrone
- **2 g** Safranfäden

Die Ananas schälen, vierteln und den harten inneren Strunk herausschneiden. Die Viertel in kleine Stücke schneiden.
Koriandersamen in einer Pfanne ohne Fett rösten, bis sie duften. Etwas abkühlen lassen und in einem Mörser zermahlen.
Das Wasser zum Kochen bringen, Agavendicksaft, Kurkuma, Zitronenschale, Zitronensaft und Safran hineingeben und kurz köcheln lassen. Vom Herd nehmen und den Koriander hinzufügen.
Die Ananasstücke in den Sirup geben und etwa 45 Min. bei geringster Stufe köcheln lassen, bis der Sirup völlig verdampft ist.
Lauwarm oder kalt servieren.

Tipp: Auch hierzu passen die Schoko-Pralinen von S. 137 hervorragend.

Apple Crumble

Für 4 Portionen bzw. 1 Tarteform (20 cm)

- **3** mittelgroße säuerliche Äpfel
- **2 EL** Zitronensaft
- **1/4 TL** Zimt
- **2–3 EL** Palm- oder Moscovadozucker

Für die Streusel

- **100 g** kalte vegane Margarine
- **120 g** Mehl oder 80 g Mehl und 40 g Mandelmehl
- **50 g** Haferflocken
- **60 g** Rohrzucker
- **1 Prise** Salz
- **1/4 TL** Zimt

Den Backofen auf 180 °C vorheizen.
Die Tarteform mit Margarine leicht einfetten.
Äpfel waschen, schälen, entkernen und in dicke Scheiben schneiden, sofort mit Zitronensaft, Zimt und Zucker vermengen und auf dem Boden der Tarteform verteilen.
Für die Streusel die sehr kalte Margarine in kleinen Stückchen mit Mehl, Haferflocken, Zucker, Salz und Zimt verkneten, mit den Fingern zu Streuseln formen.
Die Streusel auf die Äpfeln streuen, keine Angst, es sind nicht zuviele, denn beim Backen schrumpfen sie.
Den Apple Crumble etwa 25 Min. backen.

Tipp: Dieser Crumble lässt sich auch sehr gut mit Pflaumen zubereiten. Und dazu passt gut die Vanillesauce von S. 136 und natürlich das Kokoseis von S. 133.

Aprikosencreme mit Apfel- & Maracujasaft

Für 4–6 Portionen

250 g getrocknete Aprikosen
50 ml Wasser
1 EL abgeriebene Zitronenschale
125 ml Maracujasaft
125 ml Apfelsaft
Sojacreme o. Hafersahne oder -joghurt nach Geschmack

Die Aprikosen in 5 mm schmale Streifen schneiden.
Mit dem Wasser und der abgeriebenen Zitronenschale in einen Topf geben und mit geschlossenem Deckel bei geringer Hitze köcheln lassen. Nach etwa 15 Min. die Fruchtsäfte dazugeben und weitere 20 Min. bei geschlossenem Deckel bei geringster Stufe köcheln lassen.
In einem Standmixer oder mit einem Zauberstab pürieren, bis eine glatte Konsistenz erreicht ist.
Mit je einem Klecks Sojacreme oder -joghurt servieren.

Tipp: Hierzu passt auch besonders gut das Kokoseis von S. 133, dann die Sojacreme weglassen.

Birnen mit Zitrusfrüchten & Zimt

Für 4 Portionen

- 4 kleine mittelreife Birnen
- 1 Orange oder 2 Mandarinen
- 1 Zitrone
- 1/2 l Wasser
- 1 Zimtstange oder 1/4 TL Zimtpulver
- 1 EL feingehackter Ingwer
- 1 Messerspitze Safranpulver
- 100 g Agavendicksaft oder Reissirup

Birnen schälen und der Länge nach halbieren.
Die Orange und Zitrone waschen und ungeschält in 5 mm große Würfel schneiden.
Für den Sirup das Wasser zum Kochen bringen, Zimtstange, Ingwer, Safran, Orangen- und Zitronenstückchen sowie den Agavendicksaft dazugeben. Einmal aufkochen und dann 10 Min. ziehen lassen.
Die Birnen 10 Min. im heißen, simmernden aber nicht kochenden Sirup pochieren und dann darin erkalten lassen.
Die Birnen herausnehmen, in eine Schüssel geben, den Sirup durch ein Sieb auf die Birnen gießen und servieren.

Tipp: Zu diesen Birnen passen ganz hervorragend die Schoko-Pralinen von S. 137.

Blutorangensalat mit Datteln

Für 4 Portionen

- 700 g Blutorangen
- 250 g Medjoul-Datteln
- 50 g feiner weißer Zucker
- 2 EL Cointreau
- etwa 20 Minzblättchen

Die Blutorangen gründlich schälen, filetieren und die Filets einmal durchschneiden.
Die Datteln entkernen und halbieren.
Die Orangenfilets mit Zucker und Cointreau mischen und mind. 2 Std. im Kühlschrank ziehen lassen.
Vor dem Servieren die Datteln und die in Streifen geschnittenen Minzblättchen schnell unterheben.

Bratäpfel mit Walnüssen & Aprikosen dazu eine Orangenceme

Für 4 Portionen

60 g Walnüsse
60 g getrocknete Aprikosen
Saft von 1 Orange
1 TL Zimt
1 TL gute Vanilleessenz
30 g Rohrzucker
4 große säuerliche Äpfel

Für die Orangencreme

Saft und Schale von 1 Orange
75 g Walnüsse, sehr feingehackt
1 EL Rohrzucker
200 g Sojacreme oder Hafersahne (Schlagfix)
2 TL gute Vanilleessenz

Den Backofen auf 180 °C vorheizen.
Für die Bratäpfel die Walnüsse feinhacken und die Aprikosen feinwürfeln. Orangensaft mit Walnüssen, Aprikosen, Zimt, Vanilleessenz und Zucker in einer kleinen Schüssel vermengen.
Die Äpfel waschen, oben einen Deckel abschneiden und das Kerngehäuse mit einem Apfelausstecher oder einem Messer vorsichtig herauslösen.
Die Äpfel mit der vorbereiteten Mischung füllen und den Deckel wieder aufsetzen.
Äpfel in eine gefettete Auflaufform geben und etwa 35 Min. backen. Vor dem Servieren einige Min. ruhen lassen.
Währenddessen die Orangencreme zubereiten. Dazu Orangensaft und -schale mit dem Zucker in eine kleine Schüssel geben und ein wenig rühren, bis sich der Zucker aufgelöst hat. Das geht schnell.
Die Sojacreme oder Hafersahne steifschlagen und mit der Vanilleessenz unter den Orangensaft rühren. Die Orangencreme zu den Bratäpfeln servieren.

Englischer Orangenkuchen mit Haselnüssen

Für 1 Springform (28 cm)

- **200 g** vegane Margarine
- **200 g** Rohrzucker
- **1 TL** Zimt
- abgerieben Schale von 1 Zitrone
- **250 g** Weizenmehl
- **1 TL** Backpulver
- **250 g** gemahlene Haselnüsse
- **1 Prise** Salz
- **1/2 Glas** klassische englische Orangenmarmelade (etwa 180 g)
- **1 EL** Puderzucker

Den Backofen auf 170 °C vorheizen.
Margarine mit Zucker und Zimt in einer Schüssel mit dem Handrührgerät cremig schlagen. Zitronenschale, das gründlich mit dem Backpulver vermischte Mehl sowie die gemahlenen Haselnüsse und Salz einrühren.
Boden und etwa die Hälfte des Rands einer gefetteten Springform mit zwei Dritteln des Teiges auslegen, und die Orangenmarmelade gleichmäßig darauf streichen.
Den restlichen Teig ausrollen und in schmale Streifen schneiden. Diese gitterartig über den Kuchen legen. Etwa 25–30 Min. backen.
Den abgekühlten Kuchen mit Puderzucker bestäuben.

Tipp: Dazu eine schöne Tasse guten englischen Tee reichen.

Erdbeer-Joghurt-Traum

Für 4 Portionen

- **600** Sojajoghurt
- **2 EL** Ahornsirup
- **1 TL** gute Vanilleessenz
- **600 g** Erdbeeren
- **4** Zitronenmelisseblätter

Joghurt mit 1 EL Ahornsirup und Vanilleessenz verrühren.
Erdbeeren waschen, putzen. 4 Erdbeeren für die Garnitur beiseitelegen, den Rest in kleine Stücke schneiden und mit dem restlichen Ahornsirup vermischen.
Abwechselnd Erdbeeren und Joghurt schichtweise in schöne Gläser füllen, die letzte Schicht sollte jeweils Joghurt sein. Die Gläser bis zum Servieren im Kühlschrank kühl stellen.
Die Gläser direkt vor dem Servieren mit einer ganzen Erdbeere und Zitronenmelisse garnieren. Ein köstlich kühler Sommertraum.

Dinkel-Dattel-Waffeln mit Apfelmus

Für 4 Portionen

60 g	Soft-Datteln
100 g	Apfelmus
2 EL	Sojamehl
25 ml	Rapsöl
1 Prise	Salz
1 Msp	Vanillepulver o. einige Tropfen Vanilleessenz
1 Msp	Zimt
200 g	Dinkelmehl (Type 1050)
1 TL	Backpulver
175 ml	Apfelsaft
	Öl für das Waffeleisen
	Puderzucker zum Bestäuben

Die Datteln grob hacken und mit dem Apfelmus feinpürieren, Sojamehl darunterrühren, ebenso Rapsöl, Salz, Vanille- und Zimtpulver.

Mehl und Backpulver gründlich vermengen. Das Mehl im Wechsel mit dem Apfelsaft langsam unter die Masse rühren. Den Teig mit einem Geschirrtuch abdecken und etwa 1 Std. quellen lassen.

Das Waffeleisen vorheizen, die Innenfläche mit etwas Öl einpinseln. Etwa 3 EL Teig hineingeben, das Eisen fest zu drücken, und die Waffel darin 4–5 Min. goldbraun backen. Die Waffeln auf einem Kuchengitter etwas auskühlen lassen und mit dem restlichen Teig wie beschrieben fortfahren. Nach Belieben mit Puderzucker bestäubt servieren.

Französische Zitronentarte

Für 8 Portionen bzw. 1 Tarteform (20 cm)

Für den Teig

- 160 g Mehl
- 3 EL Zucker
- 1/4 TL Backpulver
- 1 Prise Salz
- 1 TL Apfelessig
- 2 EL Wasser
- 60 g vegane Margarine

Für die Zitronenfüllung

- 60 g vegane Margarine
- 100 g Seidentofu oder 100 ml Sojacreme o. Hafersahne
- 3 EL Maisstärke
- Saft von 2 Zitronen
- 2 EL geriebene Zitronenschale
- 140 g Puderzucker

Den Backofen auf 200 °C vorheizen.
Für den Teig in einer großen Rührschüssel Mehl, Zucker, Backpulver und Salz vermischen.
In einer kleinen Schüssel Essig und Wasser mit einem Schneebesen verquirlen, Margarine und Essigwasser in die große Schüssel geben. Das Ganze schnell zu einem glatten Teig verkneten. Mit einem Geschirrtuch abdecken und 30–60 Min. ruhen lassen.
Für die Füllung Margarine in einem mittelgroßen Topf bei mittlerer Hitze zerlassen.
Seidentofu, Maisstärke und Zitronensaft in der Küchenmaschine pürieren und in die zerlassene Margarine rühren. Geriebene Zitronenschale und Zucker unterrühren und bei geringer Hitze unter Rühren 5 Min. köcheln und eindicken lassen.
Eine mittelgroße runde Tarte- oder Backform mit neutralem Öl auspinseln. Boden und Rand der Form mit Teig auskleiden. Mehrmals mit einer Gabel einstechen und 5–7 Min. vorbacken.
Aus dem Ofen nehmen. Füllung hineingeben und glattstreichen.
30–40 Min. backen, bis der Teig gar und die Tarte auf der Oberfläche und an den Rändern leicht karamellisiert ist. Abkühlen lassen.
Vor dem Anschneiden mind. 2 Std. kaltstellen und fest werden lassen.

Schoko-Erdbeeren mit Kardamom

Für 4 Portionen

400 g	Erdbeeren
2	Kardamomkapseln
100 g	vegane Zartbitterschokolade (72 % Kakaogehalt)

Erdbeeren in einem Durchschlag vorsichtig abspülen und trockentupfen, aber nicht den Stielansatz entfernen.
Kardamomkapseln aufbrechen, die Samen herauslösen und in einem Mörser fein zerstoßen.
Die Schokolade grobhacken und mit dem Kardamom im heißen Wasserbad unter Rühren schmelzen lassen, das Wasser darf aber nicht kochen.
Die Erdbeeren jeweils am Stielansatz anfassen und nacheinander zu 2/3 in die flüssige Schokolade tauchen.
Die Schoko-Erdbeeren auf Backpapier setzen, und die Schokolade trocknen lassen. Schoko-Erdbeeren bis zum Servieren kaltstellen.

Tipp: Ein supereinfaches Dessert, das nicht nur gut schmeckt, sondern einfach klasse aussieht.

Gebackene Banane dazu Kokoseiscreme

Für 4 Portionen

6	Bananen
	Öl zum Ausbacken
1–2	Limetten
	Für den Teig
12 EL	Reismehl
4 EL	Tapiokamehl
4 EL	Sesam
2 EL	Rohrzucker
1 Prise	Salz
120 ml	Wasser
1 Portion	Kokoseiscreme von S. 133

Alle Zutaten für den Teig in eine Schüssel geben und zu einer zähflüssigen Masse verarbeiten.
Die Bananen schälen, der Länge nach dritteln und im Teig wenden, bis sie ganz überzogen sind.
Reichlich Öl in eine Pfanne geben und bei hoher Hitze heiß werden lassen. Die Bananen ins Öl geben und goldbraun ausbacken. Gegebenenfalls die Hitze reduzieren.
Aus der Pfanne heben, auf Küchenpapier abtropfen lassen, auf Tellern anrichten, mit Limettensaft besprenkeln und heiß mit je einer Kugel Kokoseiscreme servieren.

Kokoseiscreme

Für 4 Portionen

- **1** Dose Kokosmilch à 400 ml aus dem Kühlschrank
- **250 ml** Sojacreme oder Hafersahne
- **6 EL** Reissirup oder Agavendicksaft
- Mark von 1 Vanilleschote
- **1/2 TL** Johannisbrotkernmehl

Die gekühlte Dose mit Kokosmilch öffnen, und die Kokoscreme mit einem Löffel abschöpfen. Das restliche Kokoswasser anderweitig verwenden.
Die Kokoscreme mit den übrigen Zutaten im Standmixer oder mit dem Pürierstab glattpürieren.
Die Masse in einer dünnwandigen Schüssel einfrieren und in den ersten 2–3 Std. etwa alle 30 Min. mit einer Gabel durchrühren. Mind. 3 Std., besser aber 6 Std., im Eisfach lassen. Etwa 20 Min. vor dem Servieren antauen lassen.

Rhabarberkompott mit Sternanis

Für 4 Portionen

- **4** Stangen Rhabarber
- **200 ml** roter Fruchtsaft
- **1 EL** Orangenschale in feinen Streifen
- **150 g** Agavendicksaft oder Reissirup
- **1/2 TL** Zimt
- **2** Sternanis
- **1/2 TL** Anispulver

Die Rhabarberstangen putzen und in etwa 3–4 cm große Stückchen schneiden.
Fruchtsaft, Orangenschale, Agavendicksaft, Zimt, Sternanis und Anispulver in einen Topf geben und etwa 10 Min. erhitzen; die Flüssigkeit darf nicht kochen.
Rhabarber 15 Min. im heißen, simmernden aber nicht kochenden Sirup pochieren und dann darin erkalten lassen.
Auskühlen lassen, mit Frischhaltefolie abdecken und über Nacht im Kühlschrank durchziehen lassen.

Gebratene Mochi – Japanische Reisküchlein

Für 4 Portionen

- **1 TL** Sesam- oder natives Olivenöl
- **1 Packung** Mochi ungewürzt, in kleine Rechtecke geschnitten
- Shoyu Sojasauce
- **4 EL** Reissirup oder Agavendicksaft

Das Öl in einer gusseisernen Bratpfanne bei max. mittlerer Hitze heiß werden lassen. Die Mochi-Stücke in die Pfanne legen, sie sollen sich nicht berühren. Die Hitze auf kleinste Stufe reduzieren, die Pfanne abdecken, und die Mochi 4 Min. braten.

Die Mochi-Stücke umdrehen, auf jedes Stück 2–3 Tropfen Shoyu Sojasauce geben, zudecken und weitere 4 Min. braten lassen. Der Mochi sollten nun weich zu werden, ihre Form etwas verloren haben und ein wenig aufgegangen sein.

Die Mochi-Stücke auf einen Servierteller legen, je 1 EL Reissirup daraufgeben und sofort servieren.

Rote Grütze mit Vanillesauce

Für 4 Portionen

- **1** gute Handvoll frische Kirschen o. 1/2 Glas Kirschen
- **75 g** frische Himbeeren o. tiefgefroren.
- **75 g** frische Erdbeeren o. tiefgefroren.
- **75 g** frische gemischte Beeren o. tiefgefrorenen
- **25 g** Speisestärke
- **50 g** Rohrzucker

Für die Vanillesauce

- **etwa 70 g** Cashewkerne
- **1/2** Tasse Wasser
- **2 TL** gute Vanilleessenz
- **30–40** Soft-Datteln, entsteint, gehackt
- **1 Prise** Salz

Für die Vanillesauce die Cashewkerne in kaltem Wasser mind. 4 Std. einweichen lassen.

Die abgetropften Cashews mit allen anderen Zutaten mit dem Stabmixer zu einer samtigen Creme pürieren und – wenn gewünscht – vor dem Servieren kaltstellen.

Für die rote Grütze alle frischen Obstsorten waschen, putzen und ggfls. entsteinen.

Die Speisestärke in einer Tasse mit etwas kaltem Wasser anrühren.

Alle frischen Obstsorten mit etwas Wasser und dem Zucker aufsetzen, einmal aufkochen und etwa 3–6 Min. weiterköcheln lassen, bis die gewünschte Konsistenz erreicht ist. Wenn die Früchte, je nach gewünschter Konsistenz, nicht genug Saft ziehen, noch etwas Wasser nachgeben.

Die Speisestärke in der Tasse noch einmal glattrühren und in die köchelnde Obstmischung einrühren.

Die rote Grütze auf Zimmertemperatur abkühlen lassen und im Kühlschrank kaltstellen.

Bei tiefgefrorenem Obst den Kirschsaft aus dem Glas und den Zucker erhitzen. Die Stärke langsam und unter ständigem in den kochenden Saft einrühren und einmal aufkochen lassen, das Obst unterrühren. Die rote Grütze auf Zimmertemperatur abkühlen lassen und im Kühlschrank kaltstellen.

Mit der Vanillesauce je nach Geschmack zimmerwarm oder gut gekühlt servieren.

Schoko-Pralinen

Für 1 Eiswürfelbehälter oder
1 Pralinenform

- **1** Tafel dunkle vegane Schokolade (72 % Kakaogehalt)
- **30 g** Kakaobutter
- **2** Würfel (50 g) Kokosfett
- **30 g** stark entöltes Kakaopulver
- **3 EL** Agavendicksaft oder Ahornsirup
- **1/2 TL** gute Vanilleessenz
- **1 Prise** Salz
- Pistazien- oder Mandelsplitter zum Garnieren

Kakaobutter und Kokosfett in einem Topf bei geringer Hitze langsam schmelzen lassen.
Die restlichen Zutaten hineinrühren, bis eine glatte Konsistenz erreicht ist. Die Schokoladenmasse in eine Pralinenform (am besten aus Silikon) oder in einen Eiswürfelbehälter geben und mit Pistazien- oder Mandelsplittern garnieren. Schokolade im Kühlschrank etwa 1 Std. auskühlen lassen. Die Pralinen aus der Form lösen und kalt genießen.

Tipp: Diese Pralinen passen sehr gut zum Ananas-Safran-Dessert von S. 122.

Thailändische Klebreisbällchen in Kokosmilch mit Mango

Für 2 Portionen bzw. 60 Bällchen

60 g Klebreismehl
3 EL Kokosflocken
50 ml lauwarmes Wasser
250 ml Kokosmilch
1 Prise Salz
50 g Zucker
1/2 wirklich reife Mango
Minzblätter zum Garnieren

Klebreismehl mit Kokosflocken und Wasser zu einem geschmeidigen Teig rühren.
Aus der Masse mit feuchten Händen traubengroße Bällchen formen.
Wasser in einem Topf zum Kochen bringen, die Bällchen hineingeben und kochen, bis sie an der Oberfläche schwimmen (das geht schnell), mit einer Schaumkelle herausheben und sofort mit kaltem Wasser abschrecken.
Die Kokosmilch in einem Topf mit Salz und Zucker zum Köcheln bringen, die Klebreisbällchen dazugeben und 2–3 Min. simmern lassen.
Die Mango schälen und in appetitliche dünne Schnitze schneiden.
Die Sauce mit den Bällchen auf kleinen Tellerchen anrichten und mit der Minze sowie den Mangoschnitzen garnieren.

Tipp: Dieses extrem leckere Dessert stammt von Chainarong Toperngpong. Es wird warm – nicht heiß und nicht kalt – verspeist.

Kalter Melonensalat für heiße Tage

Für 4–6 Portionen

1/2 Wassermelone
1 Cantaloupemelone
Saft von 2 Limetten
1 Handvoll frische Minzblättchen

Die Melonen entkernen und in mundgerechte Stücke schneiden. In einer Schüssel gründlich mit dem Limettensaft vermischen und 2 Std. kaltstellen. Vor dem Servieren die gewaschenen und abgetrockneten Minzblättchen untermengen.

Zitrusfrüchte in Gewürzsirup mit Minze

Für 4 Portionen

- **Saft** von 1 Zitrone
- **1 EL** Ahornsirup
- **1 TL** Rohrzucker
- **4** Kardamomkapseln
- **2** Sternanis
- **2** Gewürznelken
- **2 cm** Zimtstange oder 1/4 TL Zimtpulver
- **1** rosa Grapefruit
- **2** Orangen
- **4** Clementinen
- **etwa 20** Minzblättchen

Zitronensaft mit 200 ml Wasser, Ahornsirup und Zucker in einen kleinen Topf geben.
Kardamomkapseln mit einem Messer leicht andrücken. Zusammen mit Sternanis, Gewürznelken und Zimtstange in den Topf geben, aufkochen und unter gelegentlichem Rühren bei mittlerer Hitze etwa 10 Min. leicht köcheln lassen.
Inzwischen Grapefruit und Orangen so schälen, dass dabei auch alles Weiße entfernt wird. Die Fruchtfilets zwischen den Trennhäuten herausschneiden, dabei den Saft in einer Schüssel auffangen.
Fruchtfilets zum aufgefangenen Saft geben. Clementinen so schälen, dass dabei auch alles Weiße entfernt wird, in Spalten teilen, diese einmal durchschneiden und unter die übrigen Fruchtfilets mengen.
Den Gewürzsirup etwas abkühlen lassen, durch ein feines Sieb über die Früchte gießen und mind. 10 Min. ziehen lassen.
Inzwischen die Minze waschen, trockenschütteln und Blättchen abzupfen. Über die Früchte streuen und servieren.

Martabak manis – Südostasiatischer Pfannkuchen mit Erdnussfüllung

Ergibt 6 Pfannkuchen

Für den Teig

100 g feines Mehl (Type 550)
70 g Reismehl
75 g Rohrzucker
1 1/2 EL Speisestärke
1 1/2 TL Backpulver
1 gestrichener TL Meersalz
350 ml Kokosmilch
3 EL Wasser

Für die Füllung

150 g salzige Erdnüsse, feingehackt oder grobgemahlen
3 EL Rohrzucker
1/2 TL Salz
3 EL Zuckermaiskörner
Pflanzenöl zum Ausbacken

Alle trockenen Zutaten in einer großen Schüssel mit dem Schneebesen gründlich vermengen. Nach und nach Kokosmilch und Wasser hineinrühren, bis ein glatter Teig entstanden ist. Das geht schnell, danach auch nicht weiterrühren, sonst wird der Pfannkuchen weniger »fluffig«. Die Schüssel mit einem Geschirrtuch abdecken und etwa 30 Min. quellen lassen.
Währenddessen die gehackten Erdnüsse in einer Pfanne ohne Fett bei mittlerer Hitze rösten, bis sie schön braun werden.
Zucker und Salz unterrühren und etwa 2 Min. unter ständigem Rühren weiterrösten, bis der Zucker gerade schmilzt, und die Masse beginnt zu kleben. Beiseitestellen.
Pfanne auf mittlerer Hitze heiß werden lassen und mit einigen Tropfen Öl auspinseln. Die Pfanne ist heiß genug, wenn ein Tropfen Wasser zischend auf der Oberfläche herumspringt.
Etwa 1 kleine Kelle Teig in die Mitte der heißen Pfanne gießen. Pfanne schwenken, bis ein kreisförmiger Pfannkuchen entsteht. 2–3 Min. backen, bis auf der Oberfläche Bläschen entstehen und die Unterseite goldbraun ist. Den Pfannkuchen an den Rändern mit einem Pfannenwender anheben und vorsichtig wenden. Unterseite 1–2 Min. backen und erneut wenden. 2–3 EL der süßen Erdnussfüllung und sowie 1/2 EL Zuckermaiskörner auf eine Hälfte des Pfannkuchens geben, die andere Hälfte darüberklappen. Entweder gleich servieren oder warmhalten und die restlichen Pfannkuchen backen.

Tipp: Martabak manis ist der indonesische Name dieses süßen gefüllten Pfannkuchens, der in unzähligen Varianten und unter sehr vielen Namen in ganz Südostasien beliebt ist. Er wird überwiegend an darauf spezialisierten Straßenständen verkauft. In Malaysia heißt er Apam balik, das bedeutet soviel wie Gewendeter Pfannkuchen. Ein anderer gängiger Name ist Terang bulan, das bedeutet Heller Mond.

Schokoladentarte mit Salzkaramell

Für 1 Tarteform (20 cm)

Für den Boden

50 g	Haferflocken
90 g	Mandelsplitter
1 Prise	Salz
80 g	Reismehl
4 EL	Kokosöl
1 EL	Ahornsirup
4 EL	Kakao

Für den Karamell

75 g	Muscovado- oder Palmzucker
100 ml	Kokosmilch
10 g	vegane Margarine
1 TL	gute Vanilleessenz
1/2 TL	Meersalz

Für die Schokocreme

200 ml	Sojacreme o. Hafersahne
150 g	vegane Zartbitterschokolade
2 EL	Ahornsirup

Den Backofen auf 170 °C vorheizen.
Für den Boden Haferflocken und Mandeln in einer Pfanne bei mittlerer Hitze rösten, bis es duftet und die Masse leicht Farbe genommen hat, dann in einem Mixer zu feinem Mehl mahlen und in eine Schüssel kippen. 1 Prise Salz, Kakao und Reismehl dazu geben und kurz durchmischen. Das Kokosöl mit dem Ahornsirup erhitzen, unter die Mehlmischung rühren und zu einem krümeligen Teig verkneten.
Den Teig in eine Tarteform geben und mit den Händen rundherum festdrücken. Im vorgeheizten Ofen etwa 15 Min. knusprig backen. Herausnehmen und auskühlen lassen.
Für den Karamell Muscovadozucker und Kokosmilch in einen kleinen Topf geben und über niedriger Hitze verrühren, bis eine homogene Masse entstanden ist. Einmal aufkochen und dann 15 Min. köcheln lassen, bis die Masse sämig wird, dabei gelegentlich umrühren. In eine kleine Schüssel geben und mit einem Schneebesen Margarine, Vanilleessenz und Salz unterrühren und abkühlen lassen. Auf den ausgekühlten Tarteboden streichen und in den Kühlschrank stellen.
Währenddessen für die Schokocreme die Schokolade hacken im Wasserbad schmelzen, das Wasser darf dabei nicht kochen. Leicht abkühlen lassen.
Sojacreme mit der geschmolzenen Schokolade und dem Ahornsirup verrühren. Auf die Salzkaramell-Schicht gießen und glattstreichen. Mit ein wenig Meersalz bestreuen. Die Tarte min. 4 Std. kühl stellen.

Der Anhang

Rezeptregister

Die Grundrezepte

Die Vorspeisen

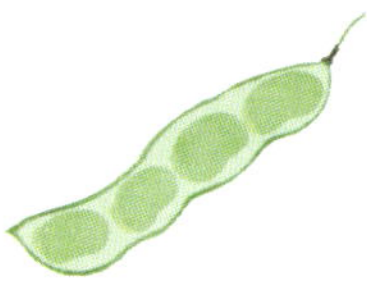

Die Salatrezepte

Mediterrane Rezepte & Artverwandtes

Fondues & Artverwandtes

Die asiatischen Rezepte

Die Desserts

Die Menüvorschläge

Zutatenregister

Viten

Gila Grün dient als Pseudonym für zwei engagierte Köchinnen, von denen eine Veganerin ist. Aus der Feder der nichtveganen Köchin stammen bereits einige erfolgreiche Kochbücher. Mit diesem Buch wollen die beiden Autorinnen die vegane Küche, der immer wieder nachgesagt wird, sektiererisch zu sein, entstigmatisieren und zeigen, dass sie sehr abwechslungsreich ist und wirklich gut schmeckt. Sie haben bewusst darauf verzichtet, spezielle vegane Ersatzprodukte zu verwenden. Das heißt: Fast alle Zutaten, die in diesem Buch vorkommen, finden sich in so gut wie jedem Kühlschrank oder jeder Speisekammer wieder. Wer nach diesem Buch kocht, soll merken: Vegan ist vollkommen normal.

Tina Kraus, geboren 1985 in Starnberg, hat in Münster Design studiert. 2009 verbrachte sie ein Semester in Seoul, Südkorea, wo auch ihr Interesse an »exotischen« Küchen geweckt wurde. Heute arbeitet sie freiberuflich als Illustratorin und Paperengineer. Als Kind aß sie am liebsten Steak, Gemüse gehörte nicht gerade zu ihren Leibspeisen. Doch nachdem sie von zu Hause ausgezogen war, kamen immer öfter vegetarische Gerichte auf den Tisch. 2013 begann sie dann, sich intensiver mit den globalen Auswirkungen der Nutztierhaltung auf Klimawandel, Regenwaldabholzung und Hunger in der Dritten Welt zu beschäftigen. Sie lernte, wie Massentierhaltung mit Antibiotikaresistenzen zusammenhängt und dass nicht nur Fleisch, sondern auch Eier und Milchprodukte Tierleid verursachen.

Nach und nach probierte sie vegane Alternativen zu gewohnten Produkten aus und merkte, dass man auch ohne Tierprodukte lecker und abwechslungsreich kochen kann. Sie »veganisierte« geliebte Kindheitsklassiker wie Dampfnudeln oder Kaiserschmarrn und entdeckte überall in der Welt neue Lieblingsgerichte. Seit Ende 2014 lebt sie komplett vegan und beteiligt sich regelmäßig beim veganen Brunch in Münster mit leckeren Gerichten. Ihr Motto lautet:

If we could live happy and healthy lives without harming others ... why wouldn't we?

Edgar's Mission

Ein verlagsneues Buch kostet in ganz Deutschland und Österreich jeweils dasselbe. Das liegt an der gesetzlichen Buchpreisbindung, die dafür sorgt, dass die kulturelle Vielfalt erhalten und für die Leser bezahlbar bleibt. Also: Egal ob im Internet, in der Großbuchhandlung, beim lokalen Buchhändler, im Dorf oder in der Stadt – überall bekommen Sie Ihre verlagsneuen Bücher zum selben Preis.

Satz und Layout: Kati Klaeske
Druck und Bindung: Polygraf Print
Printed in Slovakia

ISBN 978-3-96428-011-4
www.jacobystuart.de